KB242321

현대 물리학의 별
이휘소

이휘소

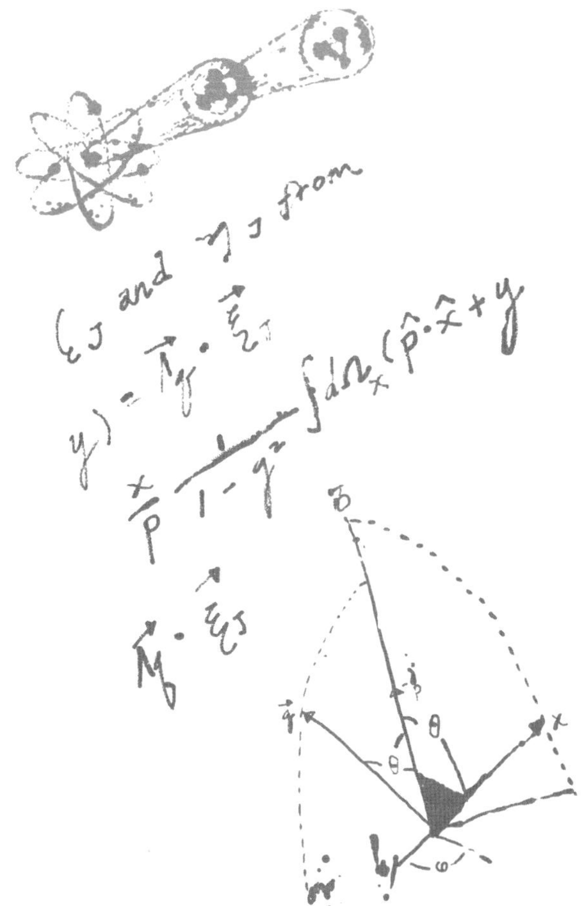

자음과모음

차례

1장

작은 세포에서 우주를 찾는 소년

친구의 집에서 책을 빌려 읽다 9

작은 세포의 세계에 빠지다 18

화학을 연구하는 방 28

피난길에서도 책을 놓지 않다 39

2장

거북이를 닮은 물리학도의 꿈

미군 장교 부인회의 장학생 되다 57

마이애미 대학의 신입생 되다 65

아인슈타인의 죽음을 애도하다 75

스내퍼 교수의 마지막 학생 84

시와 소설을 읽는 물리학도 95

이휘소의 또 다른 이름 - 벤저민 리 103

 3장
세계인의 벤저민이 되는 이휘소

박사 학위 논문을 통과하다 113
이휘소를 매혹시킨 소립자의 세계 121
숲 속의 강제 수용소 - 프린스턴 고등연구소 126
가슴에 다시 새롭게 새긴 좌우명 134
스토니브룩으로 간 이휘소 139
빛의 세계에 가까이 다가서다 - 페르미 연구소 143
11월의 혁명 150

4장
결코 지지 않는 별이 된 과학자

20년 만의 귀국 157
지상에서 우주의 먼 곳으로 161
살람 - 노벨상 수상식장에서 이휘소를 회고하다 166
이휘소의 업적 169

작가의 말 171
이휘소 연보 174

1장

작은 세포에서 우주를 찾는 소년

친구의 집에서 책을 빌려 읽다

모든 수업이 끝나자 휘소는 천천히 교실 문을 나섰다. 같은 반 친구들은 벌써 운동장을 가로질러 뛰어가고 있었다.

무엇인가 골똘한 생각에 빠져 있는 휘소의 걸음은 항상 느렸다. 민희식이 운동장으로 달려가다 말고 그런 휘소를 뒤돌아보았다.

"얘! 너는 날마다 무슨 생각을 그렇게 하는 거니?"

휘소는 민희식에게 다가가며 대답했다.

"글쎄, 궁금한 게 점점 더 많아져서 말이야."

민희식과 나란히 걸어가는 휘소의 가늘어진 눈은 먼 곳을 향해 있었다. 민희식은 휘소가 궁금해 하는 것이 무엇인지 물어보지 않았다. 휘소는 학교에서 1등은 아니었지만 2등은 놓치지 않는 우등생이었다. 그런 휘소가 궁금해 하는 것이라면 죽었다 깨나도 자신이 대답해 줄 수 없는 문제들이라는 것을 민희식은 잘 알고 있었다. 민희식은 휘소의 얼굴을 들여다보며 물었다.

"너, 우리 집에 가지 않을래? 우리 집에는 책이 진짜 많거든. 우리 집에 있는 책이라면 네가 궁금해 하는 것들을 해결해 줄 수 있을 것 같은데……."

그 말에 휘소의 얼굴이 꽃처럼 환해졌다.

휘소는 어릴 적부터 책을 몹시 좋아했다. 하지만 집에 있는 책이라곤 아버지가 읽는 책이 전부였다. 외과 의사인 아버지는 원래 물리학 지망생이었다. 하지만 가정 형편이 여의치 않아 어머니와 결혼을 한 후에 의과대학을 다니는 어머니를 따라 의학을 공부하여 의사가 되었다고 했다.

의사가 되고 나서도 해야 할 공부가 그렇게 많은 것인지 아버지는 집에만 오면 늘 같은 자리에 앉아 조용히 책을 읽었다. 휘소의 친구들이 놀러 와 인사를 해도 고개만 한 번 끄덕여 줄 뿐이었다.

휘소는 아버지가 무슨 책을 그렇게 열심히 읽는지 궁금했다. 또 아버지의 책을 읽어 보고 싶었다. 그러나 아버지의 책은 의학 서적이거나 어린 휘소가 읽기에는 너무 어려운 책들뿐이었다.

다섯 살 무렵부터 휘소는 궁금한 것이 무척 많았다.

‘달은 왜 커졌다 작아졌다 하는 것일까?’

‘나는 엄마 뱃속에 들어가기 전에 어디에 있었을까?’

‘왜 하늘은 하고 많은 색깔 가운데 파란색일까?’

이런 생각이 떠오를 때마다 휘소는 어머니에게 달려갔다. 병원으로 달려가서 보면 어머니는 언제나 환자들을 진료하느라 바빴다. 하지만 어머니는 그 바쁜 중에도 어린 휘소의 질문에 빠짐없이 대답해 주었다. 달이 커졌다 작아졌다 하는 것은 한 달에 한 번씩 새로 태어나기 때문이라거나, 하늘의 별이 내려와 휘소가 태어나게 된 것이라거나, 하늘이 파란 것은 바다를 닮았기 때문이라고 이야기해 주었다.

어머니의 대답은 사실과 하나도 맞지 않았다. 휘소는 학교에 다니면서 어머니에게 들었던 대답이 맞지 않다는 것을 알게 되었다. 휘소는 어머니가 왜 그런 대답을 해 주었는지 이해할 수 없었지만, 그렇다고 어머니에게 따져 물을 일은 아니라고 생각했다. 다만 이제는 끊임없이 생기는 의문에 대한 해답을 어머니에게서 찾기보다는 책을 통해 얻으려 했다. 책에는 휘소가 어렸을 적에 가졌던 의문에 대한 해답들이 모두 들어 있었다. 그럴수록 휘소는 알고 싶은 것들이 더 많아졌다.

민희식과 휘소는 그렇게 친한 사이가 아니었다. 언제나 책을 끼고 지내거나 생각에 잠겨 사는 휘소에게 민희식은 같은 반 친구들 중 한 명일 뿐이었다. 그런 민희식이 휘소에게 말을 붙여 온 것은 전혀 뜻밖이었다. 그러나 친구 집에 책이 많다는 제안을 뿌리칠 수 없었다.

휘소는 민희식의 집으로 따라갔다. 민희식의 집에는 정말 굉장히 많은 책이 있었다. 벽 한 면을 차지하고 있는 책장에 빼곡하게 들어찬 책들을 보고 휘소는 놀라움을 감추지 못했다. 과학책, 만화책, 그리고 추리 소설과 문학 작품까지 그 수와 종류가 아주 다양했기 때문이다. 이 책 대부분은 해방이 되면서 민희식의 일본인 친구가 남기고 간 것이라고 했다. 당연히 책들은 일본어로 쓰여 있었고 휘소에게는 새로운 책들이었다.

민희식의 집은 해방이 되고 난 뒤 처음으로 어린이 영화 〈똘똘이의 모험〉을 촬영할 정도로 부잣집이었다. 하지만 휘소의 관심은 오직 책장 가득 꽂혀 있는 책들에 가 있었다. 휘소는 설레는 마음으로 책장 맨 위에서부터 맨 아래까지 어떤 책들이 있는지 찬찬히 훑어보았다.

그리고 민희식에게 물었다.

"나, 이 책들 빌려다 읽으면 안 될까?"

이 말에 민희식은 환하게 웃었다. 휘소와 친해질 수 있는 좋은 기회였기 때문이다.

"왜 안 돼? 얼마든지 빌려다 봐."

"대신 읽은 책은 꼭 돌려줄게."

"나도 조건이 있어. 앞으로 나하고 친하게 지내자."

"좋아."

처음에 휘소는 『어린이 과학』이라는 책을 빌렸다. 이 책은 한 달에 한 번씩 발행되던 어린이 과학 잡지였다. 『어린이 과학』에는 모든 과학 이야기가 들어 있었다. 화성에는 인간이 산다는 공상과학 이야기부터 군사과학 이야기까지 없는 이야기가 없었다. 민희식은 『어린이 과학』 잡지를 좋아하지 않았지만 휘소는 이 책을 무척 좋아했다. 처음부터 끝까지 꼼꼼하게 읽는 것은 물론 중요한 곳은 몇 번이고 다시 읽었다.

이때부터 휘소는 과학에 남다른 관심을 가졌다. 그뿐 아니라 다른 아이들은 전혀 흥미를 느끼지 못하는 과학을 좋아하기까지 했다. 알면 알수록 신비로운 과학의 세계가 그 어떤 것보다 흥미롭게 느껴졌다. 휘소는 『어린이 과학』을 좋아하지 않는 민희식에게 읽었던 내용을 알기 쉽게 설명해 주기도 했다.

휘소는 사흘이나 나흘 간격으로 책을 빌려다 읽었다. 어떤 책은 3일 정도면 읽을 수 있었지만 조금 어려운 책은 시간이 더 걸릴 때도 있었다. 그리고 빌려 온 책을 다 읽으면 또 다른 책을 빌려 왔다. 물론 그때마다 읽은 책은 반드시 돌려주었다. 휘소는 책을 돌려주고 다시 빌리는 것을 한 번도 어긴 적이 없었다. 그렇게 해야 민희식도 책을 잘 빌려 줄 것이기 때문이었다.

휘소는 밥을 먹으면서도 책을 읽었고 화장실에서도 책을 읽었다. 어찌나 책을 열심히 읽는지 아버지와 어머니는 그런 휘소를 멍하니 쳐다볼 때가 많았다. 친구들은 물론 동생들도 이런 그를 신기해 했다.

"세상에 재미있는 놀이가 얼마나 많은데, 저렇게 따분하게 책만 읽고 있는 거지?"

"그러게 말이야. 그것도 딱딱하고 재미없는 과학책이라니!"

"야, 그러지 말고 우리끼리 가서 놀자."

가끔 친구들이 이런 말을 했지만 휘소는 아랑곳하지 않고 책만 읽었다. 그러다 보니 일 년도 채 안 되어 휘소는 민희식의 집에 있는 책들을 거의 다 읽어 버렸다.

휘소는 책을 가려 읽지 않았다. 과학을 좋아한다고 해서 과학책만 읽는 것이 아니라 책이라면 무조건 다 읽었다. '일본 아동 문고' 시리즈, '소학생 전집', 『걸리버 여행기』, 『이상한 나라의 앨리스』처럼 상상력이 풍부한 소설도 읽고, 『괴도 루팡』, 『셜록 홈즈』 같은 탐정 소설도 즐겨 읽었으며, 심지어 만화책도 좋아했다. 뿐만 아니라 『논어』, 『맹자』, 그리고 불경도 읽었다. 이런 책은 어른들이나 읽을 수 있는 것이었지만 휘소는 전혀 어렵게 느끼지 않았다. 그것은 모두 휘소가 평소에 다방면의 책을 열심히 읽은 까닭이었다.

어느 날부터 휘소의 질문이 줄어들기 시작했다. 한꺼번에 두세 개씩 질문을 퍼부어 대던 휘소는 더 이상 어머니에게 질문을 하지 않았다. 그렇다고 과학이나 자연에 대한 궁금증이 사라진 것은 아니었다. 오히려 책을 읽기 전보다 알고 싶은 것은 점점 더 많아졌다. 다만 어머니가 너무 바쁘기 때문에 묻고 싶은 것을 참고 있을 뿐이었다.

휘소가 책에 빠지면서 아무것도 묻지 않는다는 것을 깨달은 어머니는 휘소에게 왜 질문을 하지 않는지를 물었다.

"휘소야, 왜 요즘에는 아무것도 물어보지 않니?"

어머니의 말에 휘소는 어떤 대답을 해야 할지 몰랐다. 궁금한 것이 더 많아졌지만 어머니가 바쁘기 때문에 질문을 할 수 없었다는 대답을 해야 할지, 아니면 더욱더 열심히 책을 읽어서 해답을 찾겠다고 해야 할지 망설여졌기 때문이다. 그런 휘소를 보고 어머니는 빙그레 웃었다.

"우리가 책을 읽는 것은 별을 보는 것과 같단다. 별자리 이름을 하나 둘 알아 갈수록 더 많은 별들의 이름이 궁금해지는 법이니까."

어머니의 말에 휘소는 고개를 끄덕였다.

"그런데 휘소야, 해답을 얻기 위해 책을 읽는 것도 좋지만, 질문을 찾기 위해서도 책을 읽어야 하는 거란다. 알겠니?”

어머니는 따뜻한 손으로 휘소의 머리를 쓰다듬었다.

“사람도 하나의 우주란다. 그 점을 항상 잊지 말거라.”

그 뒤부터 휘소는 책을 빨리 읽지 않았다. 예전 같으면 사흘에 한 권씩 읽던 책을 일주일에 걸쳐서 읽을 때도 있었고, 한 달이 걸릴 때도 있었다. 읽었던 곳을 다시 읽는 것은 예사였고, 겨우 한 장을 읽고 나서 생각에 잠기는 경우가 많아졌기 때문에 책을 읽는 시간이 오래 걸릴 수밖에 없었다.

원래 휘소는 책을 읽는 속도가 여느 아이들보다 빨랐다. 한 권의 책을 또래 친구들이 일주일 걸려서 읽는다면 휘소는 이틀이나 사흘 만에 읽어 버릴 정도로 빨리 읽었다. 거기다 읽은 내용도 정확하게 기억해서 주위 사람들은 그런 휘소를 보고 벌린 입을 다물지 못했다.

하지만 휘소는 그런 주위 시선 따위는 아랑곳하지 않았다. 휘소에게 중요한 것은 책을 읽는 가운데 질문을 찾는 것이었다. 그렇게 골똘하게 책을 읽다 보니 빈 젓가락을 입에 무는 일도 많았고, 때로는 친구들이 부르는 소리를 듣지 못하기도 했다.

날이 갈수록 휘소의 머릿속에는 수많은 질문으로 가득 찼다.

우주의 끝은 과연 어디일까. 인간이 빛의 속도를 극복할 수 있을까. 우주에 또 다른 태양은 없을까. 어떻게 태양은 한 번도 꺼지지 않는 것일까. 태양의 빛이 지구까지 오는 시간은 얼마나 걸릴까. 먼 옛날 사람은 어디서 어떻게 생겨났을까…….

이렇게 시작된 질문은 꼬리에 꼬리를 물고 계속되었다. 어느 정도의 질문은 책 속에 모두 해답이 있었다. 하지만 책을 읽어 갈수록 쌓이는 많은 질문 중에는 책에서 해답을 얻을 수 있는 것이 그리 많지 않았다.

휘소는 질문의 해답이 찾아지지 않는다고 해서 결코 책 읽기를 멈추지 않았다. 조금씩 수준을 높여 가며 꾸준하게 책을 읽어 간다면 언젠가는 해답을 구할 수 있을 것이라고 생각했다.

작은 세포의 세계에 빠지다

학교가 끝나면 다른 친구들과 마찬가지로 휘소는 어른들의 잔심부름을 도맡아 했다. 병원에서 일하는 아버지와 어머니는 늘 바빴기 때문에 휘소가 해야 할 심부름이 꽤 많았다. 또 집에서는 연세가 많은 할머니의 심부름도 휘소의 몫이었다.

그뿐만 아니라 휘소는 나이 어린 세 동생들도 돌보아야 했다. 휘소 바로 아래는 여동생 영자였고, 셋째는 남동생 철웅이, 막내는 무언이었다. 휘소는 아버지와 어머니가 병원에서 돌아오시기 전까지 무언이를 업어 주기도 하고 영자의 숙제를 봐 주기도 했다. 그러는 틈틈이 철웅이하고도 놀아 주었다.

어느새 저녁이 되었다. 곧 아버지와 어머니가 돌아오실 시간이었다. 그제야 휘소는 무언이를 등에서 내려놓고 허리를 폈다. 학교에서 보다 만 책을 펼쳐 보지도 못한 채 해가 저물어 버렸다. 하지만 휘소는 불평을 하거나 짜증을 내지 않았다.

'책은 이따 밤에 읽으면 돼. 곧 아버지와 어머니께서 돌아오실 테니까.'

그때 아버지와 어머니가 대문으로 들어섰다. 휘소는 환하게 웃으며 인사했다.

"다녀오셨어요? 무언이는 조금 전에 깼어요. 지금은 배가 좀 고플 거예요."

"배는 너도 고프지 않니? 조금만 기다려라. 얼른 저녁을 지어 줄 테니."

"오늘 저녁도 굉장히 맛있을 것 같아요."

"그걸 '시장이 반찬'이라고 하는 거란다."

"예, 맞아요."

휘소의 환한 웃음에 아버지와 어머니도 하루의 피로가 말끔하게 가시는 얼굴이 되었다.

휘소가 이렇게 긍정적인 성격을 가지게 된 데는 어머니의 영향이 컸다. 어머니는 어떤 일이 있어도 불평을 하거나 화를 잘 내지 않았다. 하루 종일 환자들을 돌보고 집에 돌아오면 지쳐 쓰러질 법도 하지만 더욱 신나게 집안일을 했다.

언젠가 어머니는 휘소에게 이렇게 말했다. 마냥 책을 읽고 싶은 휘소가 하루 종일 심부름을 하고 동생들을 돌보느라 힘든 나머지 얼굴을 찌푸렸을 때였다.

"오늘 휘소가 많이 힘들었나 보구나. 그런데 휘소야, 똑같은 일이라도 불평을 하고 불만을 가지면 더 나쁘게 되는 법이란다. 무슨 일이든 힘들다고 짜증을 내면 더 힘들어지는 법이거든."

휘소는 정말 이 말이 맞는지 알 수 없었다. 하지만 어머니 앞에서는 잠자코 있었다.

어느 날 학교에서 돌아온 휘소는 여느 때와 같이 할머니, 아버지, 어머니 심부름을 했다. 그 일을 하면서 콧노래를 불렀다. 휘소는 책 읽는 것도 좋아하지만 노래도 곧잘 불렀다. 휘소가 부르는 노래는 어머니가 가끔 불러 주는 〈켄터키 옛집〉이었다. 노래를 좋아하는 어머니는 아름다운 가곡들을 자주 불러 주었다. 그중에서도 〈켄터키 옛집〉은 휘소가 잘 따라 부르는 노래였다.

혼자 콧노래를 흥얼거리면서 심부름을 하고 동생들을 돌보자 휘소는 일이 하나도 힘들지 않게 느껴졌다.

'그래, 어머니 말이 맞았어. 무슨 일이든 이렇게 하는 거야. 어차피 내가 아니면 할 사람이 아무도 없잖아.'

이 생각은 휘소가 소립자물리학을 연구할 때 큰 힘이 되었다. 소립자물리학은 우주를 구성하는 가장 기본적인 입자를 공부하는 학문으로 전 세계를 통틀어 몇 명 안 되는 학자가 연구하고 있을 뿐이다. 훗날 휘소가 세계의 내로라하는 학자들을 제치고 소립자 물리학의 선두 주자가 된 데는 어릴 때부터 늘 좋은 얘기를 들려준 어머니의 영향이 컸다.

그러나 할머니나 아버지, 어머니 그 누구도 휘소가 나중에 세계에서 가장 유명한 물리학자가 될 줄은 꿈에도 몰랐다.

긍정적인 생각은 휘소가 책을 읽는 데도 많은 도움이 되었다. 휘소는 이제 더 이상 민희식의 집에서 빌려다 읽을 책이 없었다.

많은 책을 읽은 휘소는 수업 시간이 점점 지루하게 느껴졌다. 교과서의 내용은 이미 다른 책에서 읽은 것들이었다. 선생님께서 칠판에 적고 있는 수학 문제를 눈으로 따라 읽던 휘소는 하마터면 하품을 할 뻔했다. 다른 친구들은 모두 선생님을 따라 수학 문제를 공책에 베끼고 있었다. 휘소는 칠판을 향해 고개를 들었다 내렸다 하는 친구들을 물끄러미 바라보다가 가방에서 다른 책을 꺼냈다.

'차라리 집에서 풀다 만 문제를 풀자. 그러면 친구들을 방해하지 않을 수 있고 책을 빨리 읽을 수 있으니 일석이조잖아.'

휘소가 가방에서 꺼낸 책은 학교에서 배우는 것보다 훨씬 어려운 과학책이었다. 책을 조심스럽게 펼쳐서 교과서 밑에 감추는 휘소를 보고 열심히 문제를 베끼던 옆짝 친구가 깜짝 놀라며 말했다.

“야! 너 지금 이런 책 보면 안 되잖아.”

친구의 목소리는 휘소가 겨우 알아들을 수 있을 만큼 작았다. 휘소도 친구와 똑같이 작은 목소리로 대답했다.

“선생님께 들키지 않게 볼 거야. 너는 빨리 선생님이 내주시는 문제 풀어.”

“알았으니까 조심해. 요즘 선생님께서 너를 주목하고 계시는 것 같으니까.”

“그래, 알았어.”

친구는 다시 잠자코 선생님이 내준 문제를 풀기 시작했다. 친구도 휘소가 책을 많이 읽어서 수업 시간에 지루해 한다는 것을 잘 알고 있었다. 때문에 그런 휘소를 모른 척해 주었다. 만약 자신이 휘소 같았다면 엄청나게 빼기고 다녔을 텐데, 휘소는 오히려 다른 친구들에게 방해가 되지 않도록 노력하기 때문이었다. 그 점에 대한 생각은 선생님도 마찬가지였다.

집에서 풀지 못한 문제를 풀고 있자 수업 시간은 금방 끝났다. 선생님이 숙제를 내주고 교실을 나가자마자 교실 안은 금방 소란스러워졌다. 친구들이 장난을 치고 떠들기 시작하자 휘소도 책을 덮었다. 오늘은 아무리 집중을 하려 해도 친구들이 장난을 걸어 오는데는 당해 낼 재간이 없었다. 책을 덮은 휘소는 친구들과 어울려 신나게 장난을 치며 놀았다.

휘소와 친구들은 꿀밤 때리기 가위 바위 보 놀이를 시작했다. 친구들은 휘소가 질 때마다 환호했다. 휘소는 아파 비명을 질렀지만 친구들은 모두 즐거워했다. 휘소에게도 운동이나 놀이처럼 못하는 게 있었다. 그래서 휘소는 사실 이런 시간들이 너무 아까웠다. 그러나 친구들과도 어울려 지내야 하기 때문에 휘소는 아주 가끔 그런 시간을 가졌다.

신나게 노는 동안 쉬는 시간 10분은 금방 끝났다. 수업 시간을 알리는 종이 울리자 휘소는 꿀밤 맞은 이마를 문지르며 제자리로 돌아갔다. 벌겋게 부어오른 이마는 수업이 모두 끝날 무렵이 되어서야 겨우 가라앉았다.

제자리로 돌아간 휘소는 읽다 만 과학책을 다시 펼쳐 들었다.

책에는 세포에 관한 이야기가 나와 있었다. 살아 있는 모든 물체는 세포로 이루어져 있는데, 생물체마다 세포가 다르다는 것이 책의 내용이었다. 책을 읽던 휘소는 문득 그 세포를 직접 확인해 보고 싶다는 생각이 들었다. 뭐든지 궁금한 것이 있으면 직접 확인을 해야 직성이 풀리는 성격을 가진 휘소는 좀이 쑤셨다.

하지만 휘소가 초등학교 5학년이던 1945년은 일제의 오랜 식민 치하에서 해방된 해로, 현미경을 구하기가 어려웠다. 또 구할 수 있다 해도 그 가격이 무척 비싸서 웬만해서는 살 엄두조차 내기 힘들었다. 아버지와 어머니가 의사이긴 했지만 아버지는 어려운 환자들에게 돈을 받는 것을 꺼렸기 때문에 어머니 혼자 집안 살림을 모두 꾸려 나가야 했다.

빠듯한 집안 사정을 잘 아는 휘소는 혼자서 책을 들여다보는 것으로 만족해야 했다. 그때 불현듯 휘소는 고모님 댁에 있는 현미경을 떠올렸다. 하지만 고모님이 그 비싼 물건을 그냥 줄 리가 없었다. 휘소는 책을 들여다보며 애먼 새끼손톱만 물어뜯었다.

그런데 얼마 지나지 않아 웅변대회가 있다는 소식이 들려왔다. 상금도 자그마치 300원이나 되었다. 그 당시에 300원이면 매우 큰 돈이었다. 이 소식을 들은 휘소는 웅변대회에 나가기로 마음먹었다. 상금을 받아서 현미경을 사고 싶었기 때문이다.

엄청난 금액의 상금 때문에 웅변대회에는 휘소 말고도 많은 학생이 몰렸다. 휘소는 이 많은 학생 가운데서 우승할 수 있을까 하는 두려운 생각이 들었다. 그러나 휘소는 최선을 다해 웅변을 했다. 휘소의 웅변은 대회에 참석한 모든 사람이 감탄할 정도로 뛰어났다. 모든 학생의 웅변이 끝난 후 심사위원들의 만장일치로 휘소가 우승을 거머쥐었다.

상금을 받은 휘소는 단숨에 고모님 댁으로 달려갔다. 그리고 턱에 숨이 차는 목소리로 고모님을 불렀다.

"고모님, 저 현미경이요. 현미경을 저에게 주세요."

고모님은 현미경을 구하기 위해 웅변대회에 나갔다는 휘소의 말을 듣고 몹시 놀랐다.

"그렇게 열심히 책을 읽더니……. 휘소야, 이제는 무얼 관찰하고 싶은 게로구나."

"네."

현미경을 받아 든 휘소는 한달음에 집으로 뛰어갔다. 평소 같으면 이것저것 거리를 구경하며 집으로 돌아갔겠지만 한눈 한 번 팔지 않았다.

그날부터 휘소는 눈에 띄는 것은 무엇이든 현미경으로 관찰하기 시작했다. 머리카락도 들여다보고 양파와 마늘은 물론 심지어는 개미와 코딱지까지 현미경으로 들여다보았다. 그때마다 휘소는 탄성을 질렀다.

'아! 양파의 세포가 이렇게 생겼구나. 개미는 이렇게 생겼고. 이제 보니까 식물의 세포가 동물의 세포보다 훨씬 아름답구나.'

휘소가 현미경으로 관찰하는 것은 양파나 개미에 그치지 않았다. 휘소는 오줌도 관찰했고 나뭇잎도 관찰했으며 꽃잎도 관찰했다. 주변에 있는 것들은 모조리 관찰해 보았다.

그러다 어느 날은 빗물을 관찰해 보고 싶다는 생각을 했다. 물과 빗물은 또 어떻게 다른지 알고 싶었다. 하지만 하늘에서 비가 내리기 전에는 빗물을 관찰할 수 있는 방법이 없었다.

"이럴 때 소나기가 내려 준다면 딱 좋겠는데……."

아쉬운 마음에 혼잣말을 하고 있는데, 마침 바깥에서 후드득 하는 빗소리가 들렸다. 소나기였다. 휘소는 후다닥 일어나서 플라스크(액체를 담는 유리병)를 들고 마당으로 달려갔다. 그리고 처마 끝에서 떨어지는 빗방울을 플라스크에 모아 놓고 현미경으로 관찰해 보았다.

휘소는 날마다 현미경을 들여다보았다. 대부분의 아이들은 어느 정도 시간이 지나면 흥미를 잃어버리기 마련인데, 휘소는 싫증도 내지 않았다. 시들해지기는커녕 오히려 더욱 열심히 관찰하고 또 관찰했다. 현미경 속에는 아무도 볼 수 없는 세상이 있었다. 그것은 현미경이 아니면 볼 수 없는 세상, 세포의 세상이었다. 휘소는 신비로운 세포의 세계를 들여다볼 때마다 홀로 비밀의 정원에 들어가는 것처럼 가슴이 설레었다.

휘소는 거기에 만족하지 않았다. 현미경을 들여다보면서도 세포를 좀 더 자세히 보고 싶었다. 이 현미경으로는 볼 수 없는 세계에 대한 궁금증으로 조바심을 냈다. 생명체를 이루는 세포는 과연 무엇으로 이루어져 있을까? 이런 생각이 자주 휘소의 머릿속을 맴돌았다.

"이 현미경은 그다지 성능이 좋지 못해. 좀 더 좋은 현미경이 있으면 좋을 텐데."

세포의 세계에 빠진 휘소가 갖고 싶은 것은 그뿐이 아니었다. 휘소는 천체 망원경도 갖고 싶어 했다. 어느 날 밤하늘을 올려다보던 휘소는 별을 관찰하고 싶다는 생각을 했다. 별은 또 어떤 물질로 이루어진 것인지, 우주는 어디까지 관찰할 수 있는지 알고 싶었다. 그러나 이러한 바람은 어디까지나 휘소의 꿈이었다. 빠듯한 집안 형편으로는 천체 망원경은커녕 성능 좋은 현미경도 구하기가 어려웠다.

그러나 웅변대회에서 받은 상금으로 구입한 현미경은 휘소로 하여금 과학에 더 깊이 빠져들도록 하는 계기가 되었다.

화학을 연구하는 방

휘소는 책을 읽고 세포를 관찰하면 할수록 더 많은 의문이 생겼다. 그렇게 한번 시작된 의문은 끝이 없었다.

작은 풀꽃부터 밤하늘의 은하수까지 자연의 세계는 파고들면 들수록 신비롭기만 했다. 아무리 껍질을 까도 속을 알 수 없는 양파 같았다. 그런 자연의 세계에 점점 깊이 빠져들수록 휘소는 가슴이 설레었다. 비밀의 세계를 하나씩 파헤쳐 가는 기쁨은 어떤 것과도 바꿀 수가 없었다.

물질이 원소로 이루어져 있다는 사실을 처음 알게 되었을 때 휘소는 벅찬 감동을 느꼈다. 겉보기에는 서로 다른 물질 같지만 숯과 다이아몬드를 구성하고 있는 원자는 모두 탄소였다. 거대한 불덩

어리인 태양은 수소 원자로 이루어져 있고, 그런 수소와 산소가 물을 이루는 원소이며, 산소는 식물이 이산화탄소를 마시고 내뿜는 것이었다. 대신 인간을 비롯한 동물은 나무와 같은 식물이 내뿜는 산소를 마시고 이산화탄소를 내뱉었다. 알고 보면 자연은 홀로 존재할 수 없다는 것을 가르치는 훌륭한 교과서였다.

이렇게 물질을 구성하고 있는 세포의 세계를 파고들어 가던 휘소는 문득 인간을 구성하는 원소는 무엇일까 하는 생각을 하게 되었다. 어느 날 자신의 팔을 쓰다듬다가 이 생각을 하게 된 휘소는 다시 미친 듯이 책을 읽었다. 자신이 이런 생각을 했다면 벌써 누군가 이에 대한 연구를 했을 것 같은 생각이 들었기 때문이다. 휘소의 생각은 틀리지 않았다.

드디어 휘소는 인간의 몸이 물, 탄소, 암모니아, 탄산칼슘, 인, 염소, 질산칼륨, 황, 플루오린, 철, 규소 등 열다섯 가지 원소로 구성되어 있다는 것을 알게 되었다. 순간 휘소는 사람의 몸도 하나의 우주라던 어머니의 말씀을 떠올렸다.

46억 년 전, 우주에서 빅뱅(우주 대폭발)이 일어났을 때 우주 공간에 차가운 기체들이 모여 별들이 만들어지게 되었다고 한다. 그리고 별들은 인간처럼 생명을 갖고 그 생명이 다한 후에는 죽음을 맞이하게 되는데, 이 별들의 원소와 사람의 몸을 구성하고 있는 원소가 비슷하다는 내용의 글도 읽었다.

휘소는 자신의 의문이 사실로 확인되는 순간 몹시 감동한 나머지 한동안 제대로 숨도 쉬지 못했다. 그냥 두 손을 꼭 가슴에 모은 채 허공을 뚫어지게 응시하기만 했다.

중학교에 들어가서 휘소는 화학에 깊이 빠져들었다. 1935년 1월 1일에 태어난 휘소가 중학교에 들어간 건 해방이 되고 2년이 지난 1947년이었다. 휘소가 들어간 중학교는 경기중학교였다. 경기중학교에 들어갈 때 휘소의 성적은 2등이었다. 수석 입학을 했고 학교에 다니는 내내 1등을 했다는 말은 사실이 아니다. 초등학교 때의 휘소는 우등생이긴 했지만 1등을 하지는 못했다. 어머니의 노래를 듣고 자랐기 때문에 노래를 좋아하고 춤에도 관심을 갖기는 했으나 운동은 잘하지 못했다.

학교를 다니는 내내 1등을 했다거나 수석으로 중학교에 들어갔다는 말은 훗날 세계에 이름을 떨치는 물리학자가 된 휘소를 보고 사람들이 소문을 부풀린 것이다. 하지만 여러 나라의 인재들이 모인 미국에서 두각을 나타냈으니 그런 소문이 난 것도 무리는 아니었을 것 같다.

휘소가 중학교에 다닐 무렵 나라는 말 그대로 혼돈의 시대였다. 당시 우리나라는 일본에게서 36년 만에 해방되었다는 기쁨은 잠시였고, 미국과 소련이 한반도를 절반씩 나누어 통치하는 분단의 시대가 시작되었다. 그리고 학교에서는 일본어를 버리고 우리말인 한

글을 다시 배울 수 있었다.

그 당시만 해도 대부분의 아이들은 한글보다 일본어에 더 익숙했다. 일제 강점기 때는 주로 일본어를 사용했기 때문이다. 그래서 휘소를 비롯한 학생들은 일본어보다 익숙하지 않은 한글을 다시 배우고 익혀야 하는 것을 골치 아파했다. 하지만 휘소는 그런 친구들을 잘 이해할 수 없었다.

'나는 다시 한글을 쓸 수 있게 된 것이 나라를 되찾은 것만큼이나 기쁜데 다들 왜 이러지?'

휘소는 고개를 갸우뚱하며 한글로 쓰인 과학 교과서를 펼쳤다. 그리고 곧바로 책 속으로 빠져들었다. 과학 수업이 시작되었을 때는 이미 절반이나 읽어 버렸다. 휘소가 교과서를 이렇게 빨리 이해할 수 있었던 것은 그동안 열심히 다른 책들을 읽은 덕분이었다.

선생님은 그런 줄도 모르고 실험 실습을 하다 말고 화학 문제를 냈다. 다른 친구들이 머뭇거리는 사이에 휘소가 손을 번쩍 들었다. 그리고 선생님이 알지 못하는 부분까지 상세하게 설명했다. 선생님과 친구들은 깜짝 놀랐다.

"언제부터 휘소가 실력이 이렇게 좋아졌지?"

"쉬는 시간에도 책을 읽어서 그런가? 아무튼 얘는 공부 벌레가 틀림없어."

"아니, 얘는 공부 벌레라는 말로는 부족해. 국가 대표 공부 선수야, 선수!"

이 말에 휘소의 친구들은 모두 하나같이 고개를 끄떡였다. 갑자기 조용해지며 모두 휘소를 쳐다보자 휘소는 머쓱해졌다.

"내가 국가 대표 공부 선수는 무슨 선수냐? 너희들도 다 할 수 있는 건데, 뭐."

휘소의 말이 끝나기도 전에 친구들은 고개를 저었다.

"우리는 노는 걸 좋아하지, 너처럼 화학을 좋아하지 않아. 그건 보기만 해도 머리가 아프거든."

친구들의 말처럼 휘소는 화학을 좋아했다. 방과 후 활동도 화학반에 들어갈 정도였다. 휘소가 화학에 빠져들게 된 것은 인간의 몸이 물과 탄소, 그리고 탄산칼슘과 인 등 열다섯 가지 원소로 되어 있다는 것을 알고 난 뒤부터였다. 하지만 휘소는 이렇게 말하는 친구들을 향해 손을 내저었다.

"아니야. 나도 너희처럼 노는 걸 좋아해."

크고 긴 그림자가 휘소와 친구들을 천천히 드리웠다. 집으로 돌아가기 위해 운동장을 가로질러 가던 휘소는 뒤를 돌아보았다. 친구들도 고개를 돌려 그림자의 주인을 바라보았다. 그는 다름 아닌 4학년(지금으로 말하자면 고등학교 1학년) 선배로 화학 선생님보다 더 실력 있다고 알려진 사람이었다.

4학년 선배가 손을 들어 휘소를 불렀다.

"휘소야! 잠깐만 나 좀 보자."

휘소를 부르는 선배 역시 화학반에서 활동하고 있는데 실험실에서 화학 선생님과 함께 있다 다급하게 운동장으로 달려 나온 것이 틀림없었다. 휘소는 실험실에서 어떤 일이 있었는지 보지 않아도 알 수 있었다. 화학 선생님은 다음 날 수업을 준비하다가 풀리지 않는 문제가 생겨 선배에게 물었고, 선배도 알 수 없어 휘소를 부르러 나온 것이었다.

집으로 돌아가던 휘소는 하는 수 없이 친구들과 헤어진 뒤 선배에게 갔다. 선배는 휘소의 어깨를 감싸고 실험실로 향했다.

"있잖아, 상온에서 수소와 산소를 혼합한 뒤 가루로 된 백금흑(platinum black)을 첨가했거든. 그렇게 해서 물이 생기긴 했는데 문제는 폭발하면서 생겼다는 거야. 뭣 때문이지?"

"그건요, 표면적이 큰 금속 가루에 수소나 산소가 흡착되어 원자 상태로 해리(화합물이 가열·용해 등의 작용에 의하여 그 성분으로 가역적 분해가 일어나는 현상)되는 바람에 반응이 빨리 일어났기 때문인 것 같아요."

이렇게 시작된 토론은 한 시간 이상 계속되었다. 선배가 물으면 휘소가 대답하고, 또 선배가 의견을 내놓으면 휘소가 분석해서 설명하는 식이었다.

사실 4학년 선배라고 하면 다른 학생들은 선생님보다 더 어려워했다. 선배는 곧 하늘, 이런 식이었다. 하지만 휘소에게는 서로 의견을 나누고 토론을 벌일 수 있는 상대였다. 화학 선생님은 실험을 하다 막히면 그 선배를 찾았고 선배는 또 휘소를 찾곤 했다.

하지만 그날은 휘소도 선배와의 토론에서 조금씩 밀렸다. 분명 책에서 읽긴 했지만 확실하게 실험을 해 본 적이 없었기 때문이다. 휘소는 확실하지 않은 것을 우기는 성격이 아니었다. 휘소는 긴가민가하는 문제는 어떻게든 화학 실험을 해 봐야겠다고 마음먹었다.

집으로 돌아온 휘소는 가방을 내려놓자마자 어머니부터 찾았다. 다른 날 같으면 동생들을 돌보고 할머니 심부름을 했을 터였지만 그날은 할머니에게 인사를 한 뒤 곧바로 어머니를 찾아 나섰다.

어머니는 그때까지도 병원에서 환자들을 치료하고 있었다. 어머니는 환자가 많은 날이면 언제나 퇴근이 늦었다.

당시 휘소네 집은 원효로에서 신설동(지금의 보문동)으로 이사한 지 한참 되었을 때였다. 어머니는 원효로에 있는 자혜병원에서 일하다 신설동으로 옮겨 자애의원이라는 병원을 열었다. 신설동에서 지금의 을지로 6가에 있는 학교에 가려면 돈암교 전차 정거장까지 걸어간 다음, 전차를 타고 을지로 4가에서 내려 한참을 걸어가야 했다.

병원으로 달려간 휘소는 어머니를 보자마자 물었다.

"어머니, 병원 2층에 있는 빈방을 제가 쓰면 안 될까요?"

물론 병원의 2층에는 빈방이 있긴 했다. 하지만 어머니는 갑자기 휘소가 빈방을 찾는 이유가 궁금했다.

"빈방이 있긴 있지. 그런데 빈방은 뭐하려고 그러니?"

"실험실을 만들고 싶어서 그래요, 어머니."

"실험실이라고?"

"네. 학교에서 하는 실험만으로는 만족할 수가 없어서요."

"그래? 그렇다면 빈방을 얼마든지 쓰거라."

일찍부터 어머니는 아들 휘소가 어떤 아이인지를 알아보았다. 어린 시절부터 수없이 많은 질문을 해 대던 휘소는 중학교에 들어가서는 더더욱 책을 손에서 놓지 않았다. 화장실에 갈 때도 손에 책을 들고 있었고, 전차 안에서도 책에서 눈을 떼지 않았으며, 심지어는 밥을 먹을 때도 책을 읽었다. 어떤 때는 책을 보면서 젓가락질을 하다 반찬은 집지 못한 빈 젓가락만 입에 넣기도 했다. 그런 휘소를 지켜봐 온 어머니였지만 직접 실험실을 차리겠다고 할 줄은 몰랐다. 하지만 휘소가 실험 역시 열심히 하리라는 것을 누구보다 잘 아는 어머니는 흔쾌히 승낙했다.

어머니의 승낙이 떨어지자마자 휘소는 자애의원의 2층 구석에 있는 빈방 하나를 실험실로 꾸미기에 들어갔다. 쌓인 먼지를 쓸고

닦은 후 책들을 옮기고 실험 기구들을 갖추었다. 아버지와 어머니도 적극적으로 휘소를 도왔다. 금세 작은 방에 책과 여러 가지 실험 기구들이 들어찼다.

휘소는 자신의 실험대 위에 놓인 돋보기와 삼발이, 스포이트와 플라스크, 비커를 감격스러운 눈으로 바라보았다. 스포이트는 액체를 담아서 적당량 떨어뜨릴 때 사용하는 실험 기구이고, 플라스크는 액체를 담을 때 쓰는 것이며, 비커는 주둥이가 긴 플라스크와 같은 용도로 쓰이지만 컵처럼 생긴 실험 기구이다. 그 방에는 리트머스 시험지는 물론 알코올램프, 페트리 접시, 피펫, 리비히 냉각기, 온도계 등도 있었다. 페트리 접시는 사물을 넣고 실험하는, 아주 납작한 접시처럼 생긴 실험 기구이며, 피펫은 소량의 액체를 옮길 때 쓰는 실험 도구이다.

어머니의 승낙이 떨어진 지 며칠 지나지 않아 이 작은 방은 휘소의 작은 실험실로 탈바꿈했다. 휘소는 학교가 끝나면 이 작은 실험실에 틀어박혀 살았다. 그리고 선배를 따라 정성 분석과 정량 분석 등의 실험을 했다.

정성 분석은 정량 분석을 하기 전에 하는 것으로 물질을 구성하고 있는 화학종, 이를 테면 원소 및 이온이 가지는 특유한 반응 및 물리적 성질—예를 들면 스펙트럼 및 회전 편광 세기—을 이용해서 그 성분이 무엇인지 검출하고 확인하는 것이다. 정량 분석은 정성 분석으로 물질을 구성하고 있는 성분을 알고 난 다음에 하는 실험으로, 물리 화학적인 기계나 기구를 사용하는 기기 분석과 화학 반응을 이용해서 성분의 양을 결정하는 화학 분석이 있다. 물론 이 실험들은 학교 화학 시간에도 배우지 않은 것들이었다.

휘소는 또 제논(Zenon)의 논리에도 오류가 있다는 것을 발견했다. 존재의 본질은 연속적인데 제논은 비연속적이라는 전제 아래서 논리를 전개했기 때문이었다.

지구가 태양을 한 바퀴 도는 동안을 1년, 1년을 12등분으로 나누어서 달, 달을 30토막으로 나누면 하루, 하루를 24로 나누어 시간, 시간은 다시 60으로 나누어 분, 분을 또다시 60으로 나누어서 초라고 한다.

이런 식으로 한다면 분을 60으로 나눈 초 역시도 수없이 나눌 수가 있다. 하지만 초를 1억으로 나눈다 해도 시간에는 원소가 없다. 시간은 계속 이어져 있기 때문이다.

그뿐만 아니라 수학에도 한계가 있었다. 수학에서 1+1=2이지만, 자연에서는 1도 되고 3이나 4도 되었다. 어떤 경우에는 0도 되고 셀 수 없는 숫자가 되기도 했다. 다시 말해서 수학에서 1+1=2가 되기 위해서는 수많은 전제 조건이 있어야 한다는 것을 알았다.

의문이 하나 둘 풀려 갈 때마다 휘소는 벅찬 기쁨을 느꼈다. 과학, 특히 화학 실험을 그 어떤 놀이보다 좋아했다. 어머니도 2층에 올라올 때 휘소의 작은 실험실에서 나는 환호 소리와 아! 하는 탄성을 종종 들을 수 있었다.

아버지는 이렇게 실험에 몰두하는 휘소를 묵묵히 지켜보기만 했다. 그 이상 휘소를 위해 해 줄 수 있는 게 없었기 때문이다.

하지만 아버지는 이런 자신의 아들이 세계가 알아주는 물리학자가 되는 것을 끝내 보지 못했다. 휘소가 경기중학교 4학년이 되던 해 한국전쟁이 일어났고 피난을 간 마산, 정확하게 말하면 창원에서 실족(발을 잘못 디딤)으로 세상을 떠났기 때문이다.

피난길에서도 책을 놓지 않다

1950년 6월 25일 일요일 새벽 4시, 비극적인 한국전쟁이 일어났다. 소련과 중국을 등에 업은 김일성이 삼팔선을 넘어온 것이었다.

북한군은 삼팔선을 넘은 지 3일 만에 서울을 점령했다. 북한군이 쳐들어오자 평화롭던 서울은 순식간에 아수라장으로 변해 버렸다. 흉흉한 소문이 무성한 가운데 사람들은 모든 걸 버리고 피난을 떠나느라 바빴다.

휘소의 가족도 광릉에 있는 친척 집으로 피난을 갔다. 아버지는 전쟁이 곧 끝나서 서울로 돌아갈 거라고 여겼기 때문에 가까운 곳으로 간 것이었다. 이 생각은 틀리지 않았다. 얼마 지나지 않아 유엔군의 맥아더 장군이 인천상륙작전을 성공시킴으로써 서울을 되찾게 되었고, 휘소네 가족은 다시 서울 집으로 돌아갈 수 있었다.

하지만 휘소네 가족을 비롯한 많은 사람들은 또다시 피난길에 올라야 했다. 북한의 김일성을 후원하는 중국 공산당이 인해전술(군인 수의 힘으로 전선을 돌파하는 공격법)로 밀고 내려오는 바람에 서울을 버리고 후퇴할 수밖에 없었기 때문이다. 이날이 1951년 1월 4일로 1·4후퇴라고 한다.

아버지는 어머니에게 고향인 공주로 피난을 가자고 했다.

"아무래도 아주 낯선 곳보다 아는 사람이 있는 곳으로 가는 게 좋을 것 같소."

이 말이 떨어지기가 무섭게 휘소네 가족은 짐을 꾸렸다. 마침 어머니의 환자 가운데 한 사람이었던 교통부 직원이 부산으로 가는 기차의 화물칸을 알려 주었다. 그런데 할머니가 피난을 가지 않겠다고 했다.

"나는 안 갈란다."

뜻밖의 말씀에 아버지와 어머니는 깜짝 놀랐다.

"그게 무슨 말씀이세요? 피난을 안 가시다니요?"

"내가 살면 얼마나 더 살겠다고 피난을 가겠느냐? 괜히 너희 짐이나 될 텐데."

"여기는 위험해요, 어머니! 어서 저희랑 같이 가세요."

"나는 괜찮대도 그런다. 내 걱정은 하지 말고 어서들 가거라."

아무리 아버지와 어머니가 설득해도 할머니는 단호했다. 어쩔 수 없이 아버지와 어머니는 휘소와 휘소의 동생들을 데리고 기차역으로 향했다. 더 이상 꾸물대다가는 기차를 놓칠지도 모르기 때문이었다.

휘소의 가족은 기차가 떠나기 직전에 겨우 역에 도착했다. 무개차라고 하는 지붕도 없는 기차에는 이미 피난민들과 짐들로 가득했다. 영하 20℃의 날씨였지만 그래도 걸어가는 피난민들에 비하면 훨씬 편안한 피난길이었다.

휘소는 기차에 오를 때까지도 자애의원 2층에 있는 실험실을 생각했다. 눈앞에서는 피난민들이 추위에 벌벌 떨고 있는데 휘소의 머릿속은 온통 실험실의 여러 가지 실험 기구들과 책들 생각으로 가득했다. 기차역으로 나오기 전에 잠깐 들렀던 실험실은 모든 것이 온전한 모습으로 제자리를 지키고 있었다. 휘소는 책과 실험 기구들을 모두 공주로 가져가고 싶었다. 할 수만 있다면 실험실을 통째로 옮겨 가고 싶었다. 휘소는 한숨을 쉬었다. 그리고 잠시 현미경을 바라보았다.

'내가 다시 돌아올 때까지 이대로 있어야 할 텐데…….'

그러나 전쟁이 끝난 뒤 휘소가 다시 실험실에 돌아왔다는 기록은 없다. 전쟁이 시작된 지 3년 만에 휴전이 되어 서울로 돌아왔을 때는 집이 전부 불에 타고 할머니는 돌아가셨다는 기록만 남아 있을 뿐이다.

기차에 오르자 휘소는 더 이상 실험실 생각을 하지 못했다. 간신히 자리를 잡고 앉았는데 어머니가 기차에 오르지 않았다. 아버지는 어머니를 재촉했다.

"빨리 타시오. 왜 기차를 타지 않는 거요?"

"애들 데리고 먼저 가세요. 곧 뒤따라갈게요."

"상황이 어떻게 될 줄 알고 뒤따라온다는 거요?"

"아무리 생각해도 쌀하고 나무를 좀 더 넉넉하게 구해 놓고 가는 게 좋을 것 같아요. 그래야 어머니 걱정을 덜 수 있지 않겠어요?"

이 말을 남긴 어머니는 금세 저만치 멀어져 갔다. 휘소와 동생들이 아무리 불러도 뒤를 돌아보지 않았다. 기차는 한참 동안 움직이지 않았지만 피난민들과 짐들이 빼곡하게 들어차 있어서 내릴 수도 없었다. 휘소는 철웅이와 영자 그리고 무언이를 껴안고 멀어져 가는 어머니의 모습을 바라보기만 했다.

마침내 기차가 출발했다. 사람들과 짐들을 빼곡하게 실은 기차는 느릿느릿 달려서 조치원역에 도착했다. 기차는 물을 공급받기 위해 꽤 오랜 시간 조치원역에 머물렀다. 당시의 기차는 증기기관차라서 물이 부족하면 달릴 수 없었다.

기차가 물을 공급받고 있을 때 아버지가 갑자기 짐을 내리기 시작했다. 공주는 대전보다 조치원에서 더 가깝기 때문이었다. 어머니가 없기 때문에 아버지가 내려야 할 짐이 꽤 많았다. 생활에 꼭 필요한 이불과 옷 보퉁이, 그리고 쌀 따위만 추렸는데도 짐은 만만치 않았다. 아버지가 짐을 내리다 말고 주위를 두리번거렸는데, 마침 몇몇 아저씨들이 지나가는 게 보였다. 아버지는 소리쳐서 아저씨들을 불렀다.

"여보시오. 저기 나 좀 보시오!"

아버지가 부르는 소리에 아저씨들이 가던 길을 멈추고 돌아섰다.

"왜? 쌀이라도 팔려고 그러시오?

그러자 아버지는 손을 내저었다.

"아니, 그게 아니라 여기 이 짐들을 같이 내려 주지 않겠소? 삯은 드릴 테니."

아저씨들은 서로 쳐다보더니 이내 고개를 끄떡였다.

"그럽시다. 까짓것 돈을 준다는데, 마다할 리 있겠소?"

아버지는 다시 돈을 주고 소달구지 하나를 구했다. 그리고 어렵게 내린 짐들을 소달구지에 싣고 동생들과 휘소는 짐 위에 올라탔다. 휘소의 가족은 공주로 향했다.

공주는 거의 텅텅 비어 있었다. 공주 사람들도 더 남쪽으로 피난을 떠났기 때문이었다. 텅 빈 공주 시내를 한참이나 벗어났다. 말이 공주였지 아버지의 고향은 공주 시내에서도 꽤 떨어진 시골 마을이었다. 마을 사람들도 모두 친척들이었다. 서울보다 한적하고 친척들이 사는 고향 마을에 오자 아버지는 그제야 안도하는 모습이었다. 대부분의 친척은 피난을 가고 없었지만 그래도 아주 낯선 곳보다는 낫다고 생각했다. 휘소의 가족은 예전에 아버지가 살았던 집으로 들어갔다.

옛 고향 마을에 도착한 다음 날부터 휘소의 가족은 마을 입구에 있는 언덕에 올라가 어머니를 기다리기 시작했다. 살을 에는 것 같은 날씨였지만 휘소의 가족은 하루도 빠짐없이 언덕을 올랐다.

어머니를 기다리는 하루하루는 불안하기 짝이 없었다. 거기에 더해 한강 다리가 폭파되었다는 소문이 들려왔다. 한강 인도교는 전쟁이 일어난 지 며칠 되지 않아 폭파되었다가 인천상륙작전의 성공으로 서울이 수복(잃었던 땅을 되찾음)되자 가교를 설치하여 사용하던 중이었다.

한강 다리가 폭파되었다는 소문을 듣자 휘소네 가족은 어머니가 내려오지 못할지도 모른다는 걱정에 휩싸였다. 아버지는 밤에 잠도 이루지 못했다. 휘소도 아버지 못지않게 걱정했다. 언덕에 올라서서 차가운 바람만 불어오는 길을 바라볼 때면 휘소의 걱정은 더욱 커지곤 했다.

언덕 위에서 북쪽으로 뻗어 있는 길을 지켜보던 동생들이 손을 호호 불었다. 발도 동동거렸다. 휘소는 동생들의 손을 번갈아 가며 문질러 주었다. 그때 저 멀리 누군가 천천히 걸어오고 있는 게 보였다. 휘소의 가족은 아주 조금씩 가까워지는 사람을 뚫어지게 바라보았다. 그 사람은 등에 커다란 짐을 지고 힘겹게 걸어오고 있었다. 커다란 짐은 고리짝(옷을 담는 고리의 낱개)이었다.

갑자기 막내 동생 무언이가 커다랗게 소리쳤다.

"엄마다! 엄마야, 엄마!"

무언이의 말에 모두들 눈을 크게 뜨고 길을 뚫어지게 내려다보았다. 하지만 철웅이도 영자도 고개를 갸웃거리기만 할 뿐이었다. 휘소도 어머니가 맞는지 확신이 서지 않았다. 그러나 아버지는 환하게 웃으며 언덕을 내려가기 시작했다.

"엄마를 알아본 사람은 우리 무언이밖에 없구나. 그래, 엄마가 맞다."

그제야 휘소와 동생들은 아버지를 뒤따라 언덕을 달려 내려갔다. 등에 커다란 고리짝을 지고 힘겹게 걸어오던 사람은 정말 어머니가 맞았다.

어머니는 한강 다리가 폭파되기 하루 전에 서울을 떠났다고 했다. 할머니가 지내시는 데 불편하지 않도록 쌀과 뗄감을 준비해 놓고 서울을 떠나온 게 1월 3일이었고 한강 다리는 그다음 날 폭파되었다고 했다.

서울에서부터 어머니가 지고 온 고리짝에는 병원에서 쓰던 의약

용품과 약들이 가득 들어 있었다. 그것은 다시 병원 문을 열기 위해 가져온 것들이었다. 웬만한 책장만큼 커다란 고리짝은 아버지도 들기 힘든 무게였다. 휘소는 그렇게 무거운 짐을 지고 먼 길을 걸어 내려온 어머니가 놀랍기만 했다.

며칠 뒤 어머니는 공주 시목동의 금강 다리 앞에 병원 문을 열었다. 전쟁 중인 데다 피난지에서 문을 연 병원이었기 때문에 시설은 보잘것없었지만 웬만한 환자를 치료하는 데는 부족함이 없었다. 텅 빈 것 같았던 공주에도 환자는 많았다. 때문에 아버지와 어머니는 날마다 눈코 뜰 새 없이 바빴고, 어머니가 서울에서 가져온 약은 며칠 안 가서 금세 동이 나 버리고 말았다.

그때마다 휘소는 어머니의 심부름으로 약을 구해 와야 했다. 보통은 공주 시내에서 구하곤 했지만 공주에 약이 없을 때는 대전까지 가서 필요한 약을 사 왔다. 휘소가 사 오는 약들은 대부분 미군 부대에서 흘러나온 것들이었다.

휘소는 피난지인 공주에서도 열심히 책을 읽었다. 동생들을 돌보면서도 책을 읽었고, 어머니의 심부름을 하면서도 읽었다. 공주에서 학교를 다닐 수는 없었지만 휘소는 결코 책 읽기를 그만두지 않았다. 휘소가 몹시 책을 읽고 싶어 한다는 것을 잘 알고 있는 어머니는 어떻게 해서든 책을 구해다 주었다.

책을 읽고 동생들을 돌보다 보면 하루 해가 금방 저물었다. 저녁이 되자 휘소는 동생들을 데리고 아버지와 어머니를 마중 나갔다.
병원은 집에서 5킬로미터 정도 떨어진 거리에 있었다. 병원까지 갔
다가 아버지, 어머니와 함께 돌아오는 길에는 어머니가 동생들의
손을 잡고 노래를 불러 주었다. 휘소는 어머니가 부르는 〈스와니
강〉과 〈켄터키 옛집〉을 따라 불렀다. 어머니가 불러 주는 노래는
잠시나마 전쟁의 공포를 잊게 해 주었다.

공주에 도착한 지 얼마 지나지 않아 휘소네 가족은 또다시 남쪽
으로 내려가야 했다. 아버지의 옛 제자 가운데 윤치상이란 사람이
트럭을 몰고 갑자기 아버지를 찾아왔기 때문이었다.

아버지는 옛 제자를 보고 깜짝 놀랐다.

"아니, 치상이 네가 여기는 웬일이냐?"

"선생님께서 공주에 계시다는 소식을 듣고 달려왔습니다. 어서
저와 함께 남쪽으로 가시지요."

"전세가 그렇게 악화되었나?"

"지금 중공군이 물밀듯 내려오고 있습니다. 모두들 너나 할 것
없이 피난을 가고 있지 않습니까?"

사실 아버지도 국군과 유엔군의 연합군이 중국 공산당군의 인해
전술에 밀리고 있다는 소문을 듣고 피난을 생각하던 중이었다. 아
버지는 중공군이 물밀듯 내려오고 있다는 윤치상 아저씨의 말을

듣고 바로 고개를 끄떡였다.

"휘소야! 빨리 가서 엄마를 모셔 오너라. 아저씨와 함께 남쪽으로 가자."

윤치상 아저씨는 운수업을 하는 사람이었다. 휘소네 가족은 트럭 뒤 칸에 짐과 함께 탔다. 트럭은 천막을 씌워 놓아서 어두운 데다가 짐들 사이에 끼어 앉아 가야 했기 때문에 여간 불편한 게 아니었다. 하지만 걸어서 남쪽으로 가는 사람들에 비하면 그래도 편한 피난길이었다.

휘소는 남쪽으로 내려가는 트럭에서도 책을 읽었다. 천막 사이로 햇빛이 비쳐 들 때마다 책을 찾아 읽었다. 가끔은 소설책도 읽었지만 휘소가 주로 읽는 것은 수학이나 과학책이었다. 이미 풀었던 수학 문제를 몇 번이고 다시 풀었고 과학책도 마찬가지로 되풀이해 읽었다. 얼마나 책을 열심히 읽었는지 마산에 도착할 무렵에는 책장이 너덜거릴 정도였다.

사실 휘소가 읽고 싶은 것은 새로운 책이었다. 또 공부도 하고 싶었다. 좀 더 어려운 수학 문제를 풀고 과학 실험도 해 보고 싶었다. 하지만 현실은 전쟁이 한창인 데다 중공군에 밀려 피난을 가고 있는 상황이었다.

새로운 책이 읽고 싶어질 때마다 휘소는 천막 사이로 비치는 하늘을 바라보았다. 밤이면 천막 사이로도 무수한 별들이 언뜻언뜻 보였다. 인간의 몸과 원소가 비슷하다는 별을 보면서 휘소는 속으로 인간의 몸을 구성하고 있는 원자들의 이름을 외웠다. 하나하나 열다섯 가지 원자들의 이름을 외우다 보니 남쪽은 어느새 지척처럼 가까워져 있었다.

며칠 뒤 윤치상 아저씨의 트럭이 마산에 도착했다. 아버지는 윤치상 아저씨의 도움으로 마산의 장군동에 가족이 지낼 수 있는 곳을 마련했다. 어머니는 짐 정리를 마치자마자 그곳에 다시 병원 문을 열었다. 마산에서도 어머니의 병원을 찾는 환자들은 많았다. 어머니가 환자들을 치료하는 동안 휘소는 동생들을 데리고 곧잘 바닷가에 나가곤 했다.

어머니가 병원 문을 연 지 얼마 지나지 않아 경기중학교가 부산으로 내려왔다는 소식이 들려왔다. 어머니는 곧장 마산중학교에 다니고 있는 휘소를 경기중학교로 옮겨 주었다.

전쟁이 길어지자 정부에서 학교 교육에 대해 임시 훈령(상급 관청이 하급 관청에 내리는 명령)을 발표했다. 당시의 훈령이란 현지의 학교에서 피난 내려온 학생들을 가르치도록 하는 것이었다. 그에 따라 휘소는 마산중학교에 다니고 있었는데 경기중학교가 부산으로 내려오자 곧바로 옮기게 되었다.

부산에 임시로 세워진 경기중학교는 열악하기 그지없었다. 교실이나 책이 제대로 마련된 게 거의 없었다. 하지만 휘소에게 그런 것은 아무 문제가 되지 않았다. 휘소는 다시 공부를 할 수 있다면 어떤 어려움도 견딜 수 있었다. 다만 과학 실험을 할 수 없다는 것이 조금 아쉬울 뿐이었다.

휘소는 마산에서 부산까지 세 시간 넘게 기차를 타고 학교에 다녔다. 새벽 4시에 일어나서 학교에 가는 휘소는 기차 안에서도 책을 읽었다. 덕분에 학교에서는 선생님들이 휘소의 반에 들어올 때 미리 공부를 해야 한다는 소문이 돌았다. 그 가운데서도 영어와 수학 선생님이 가장 많이 긴장했다. 휘소가 언제 어떤 질문을 할지 알 수 없기 때문이었다.

휘소네 가족은 마산에서 점차 안정을 찾아갔다.

하지만 어렵사리 찾은 안정은 얼마 가지 못했다. 1951년 12월의 어느 날 밤 개울둑에서 발을 잘못 디딘 아버지가 그만 세상을 떠나버렸기 때문이다.

아버지는 마산으로 내려가자마자 창원의 보건소장으로 취직했다. 보건소장은 국가에서 월급을 받고 환자에게는 치료비를 받지 않는 직책이었기 때문에 아버지는 그 일에 굉장히 보람을 느꼈다.

그 당시 마산의 장군동에서 창원의 보건소까지는 날마다 출퇴근을 할 수 있는 거리가 아니었다. 지금처럼 자동차나 도로가 발달되지 않았기 때문이다. 그래서 아버지는 보건소에서 지내다 토요일이 되면 마산의 장군동까지 걸어서 돌아오곤 했다.

그날도 아버지는 걸어서 집으로 돌아오던 길이었다. 매서운 바람이 불고 별 하나 보이지 않는 겨울 밤에 개울둑을 걸어오다 그만 변을 당하고 말았다. 그때 아버지의 나이가 47세였다.

휘소는 아버지가 세상을 떠난 그해에 중학교 5학년 과정을 마쳤다. 지금으로 말하면 고등학교 2학년 과정을 마친 휘소는 돌연 학교를 그만두고 검정고시(어떤 자격에 필요한 지식, 학력, 기술이 있는지 없는지를 결정하기 위해 실시하는 시험)를 치렀다.

이때 휘소가 왜 갑자기 학교를 그만두고 검정고시를 치렀는지 그 이유는 확실하지 않다. 갑자기 아버지가 세상을 떠난 슬픔 때문인지 하루 왕복 여섯 시간씩 기차를 타고 학교를 다니기가 힘들어서였는지 알 수 없다. 다만 학교에서의 수준보다 자신의 수준이 언제나 앞섰기 때문에 좀 더 빨리 대학으로 진학하기 위해 검정고시를 치르지 않았을까 하고 추측해 볼 수 있을 뿐이다.

휘소는 세 과목만 치르는 검정고시에 무난하게 합격했다. 그리고 이듬해인 1952년 3월, 부산 대신동에 내려와 있는 서울대 화학공학과에 수석으로 입학했다. 당시는 공부를 가장 잘하는 학생들이 화학공학과를 응시하던 때였는데, 그해 화학공학과를 응시한 학생은 300여 명이었다. 이를테면 화학공학과 수석이 서울공과대학의 수석이나 같은 것이었다.

휘소는 서울대학교에 다니기 시작하면서 처음으로 자취를 했다.

자취방은 어머니가 학교에서 최대한 가까운 곳에 얻어 주었다.

"대학에서의 공부는 지금까지와는 비교도 되지 않을 게다. 통학하는 데 시간을 다 뺏기지 말고 차라리 자취를 하도록 해라. 하루에 여섯 시간이면 적지 않은 시간이니까."

처음에 휘소는 마산에서 부산까지 기차 통학을 하려고 생각했다. 하지만 어머니의 말을 듣고 자취를 하기로 했다. 어머니의 말에 일리가 있었고 휘소 역시 공부에 좀 더 전념하고 싶어서였다.

대학교에 들어간 뒤에도 휘소는 날마다 책 속에 파묻혀 살았다. 가끔은 아직 경기중학교에 다니고 있는 친구들을 그리워하기도 했다. 어머니와 동생들도 보고 싶어 했다. 하지만 책을 읽으면 이런 그리움과 외로움을 깡그리 잊어버렸다. 강의 시간에도 이미 알고 있는 것을 배우는 게 아니라 수준이 높은 내용을 다루었기 때문에 흥미와 재미를 느꼈다.

휘소는 특히 어려운 문제에 부딪칠수록 놀라운 끈기를 보여 주었다. 어떤 문제가 되었든 며칠이 걸려서라도 기어이 문제를 풀고야 말았다. 그렇게 하나하나 문제를 풀어 가는 사이 휘소의 실력은 눈에 띄게 높아졌다. 교수들도 휘소의 실력을 인정했다.

학교 공부를 하는 틈틈이 휘소는 사서삼경이나 불교 서적도 읽었다. 성경은 물론 그리스 로마 신화와 마르크스, 헤겔도 읽었다. 셰익스피어의 작품도 읽었고 칸트의 저서도 읽었다. 거기에 더해

한시를 좋아해서 주희(중국 송나라 때의 유학자)의 「권학문」은 언제나
외우고 다녔다.

　　오늘 배우지 않고 내일이 있다 하지 말고
　　금년에 배우지 않고 내년이 있다 하지 마라.
　　세월이 흐르고, 시간은 나를 위해 연장되지 아니하나니
　　아! 늙었구나 한탄한들 이것이 누구의 잘못인가!

　　어찌 보면 이것은 휘소의 좌우명 같은 것이기도 했다.

2장

거북이를 닮은 물리학도의 꿈

미군 장교 부인회의 장학생 되다

마침내 전쟁이 끝났다. 3년 동안 계속되던 전쟁이 1953년 7월 27일, 북한이 무조건 항복을 하면서 끝을 보게 되었다.

하지만 전쟁의 끝은 끔찍했다. 역사는 이 전쟁을 남한과 유엔 연합군의 승리라고 말했지만 사실 어디에도 승자는 없었다. 남한이나 북한이나 가릴 것 없이 건물은 모조리 폐허가 되었고, 헤아릴 수 없이 많은 사람이 목숨을 잃었으며, 부상자는 물론 수많은 포로와 고아가 생겨났다.

휘소의 가족도 예외는 아니었다. 전쟁이 끝난 뒤 서울로 다시 돌아왔을 때 할머니가 홀로 지키고 있던 집은 완전히 불에 타 버리고 없었다. 할머니는 집이 탈 때 미처 빠져나오지 못하고 돌아가셨다.

아버지에 이어 할머니까지 잃은 휘소는 크나큰 슬픔에 빠졌다. 실험실이 사라지고 현미경이 부서진 슬픔도 컸지만 그것은 가족을 잃은 슬픔에 비하면 아무것도 아니었다. 어머니와 휘소의 동생들도 불에 타 버린 집을 보고 한동안 할 말을 찾지 못했다.

하지만 어머니는 곧바로 눈물을 닦고 재가 되어 버린 집을 치우기 시작했다. 할머니의 장례도 서둘렀다. 그리고 다시 병원 문도 열었다. 그 어느 때보다도 억척스러워진 어머니는 마치 소 같았다. 휘소는 그런 어머니를 볼 때마다 눈시울이 뜨거워지는 것을 느꼈다.

어머니는 입을 꾹 다문 채 슬픔을 참는 휘소를 보고도 모른 척했다.

"집안일은 신경 쓰지 마라. 지금 네가 할 일은 공부뿐이다."

"네, 어머니."

어머니는 아침마다 휘소의 다짐을 받고 나서야 병원으로 나갔다. 병원으로 향하는 어머니의 어깨가 무척 가냘프게 보였다. 할머니까지 잃고 난 뒤 어머니는 부쩍 힘이 없어진 듯 보였다. 휘소는 어머니가 병원으로 가고 난 뒤 학교로 향했다.

학교는 다시 서울로 돌아왔지만 몇 명의 친구들은 학교로 돌아오지 못했다. 학교로 돌아오지 않은 친구들은 복구 사업에 뛰어들었을 가능성이 높았다. 전쟁이 끝난 직후였기 때문에 사방에서 복구 사업이 한창이었다. 휘소는 폐허가 된 건물을 다시 짓는 광경을

볼 때면 자신도 복구 사업에 뛰어들어야 하는 게 아닌가 하는 생각
이 들었다. 모두들 어려운 때 공부만 하고 있는 자신이 부끄럽게 여
겨졌기 때문이다.

그러나 휘소는 어머니의 마음을 아프게 하고 싶지 않았다. 또한
팔을 걷어붙이고 복구 사업에 뛰어드는 것만이 나라를 위하는 길
이 아니라는 생각도 들었다. 가장 자신 있는 과학 공부를 잘하면 나
중에 나라에 이바지할 기회는 얼마든지 있을 것 같았다.

사실 어머니가 휘소에게 거는 기대는 남달랐다. 휘소는 그런 어
머니의 기대를 저버릴 수 없었다. 전쟁이 끝난 지 얼마 지나지 않은
때라 교재도 변변한 게 없었고 교수들의 실력도 학생들과 엇비슷
했지만 휘소는 다른 사람을 쫓아가는 식의 공부를 하지 않았다. 휘
소는 광화문 근처의 고서점에서 일본어 교재를 구해서 주로 혼자
공부했다.

그리하여 공과대학 3학년 때에는 물리화학을 가르치는 전완영 교
수와 함께 토론을 벌이며 양자역학을 공부하게 되었다. 양자역학은
원자, 분자, 소립자 등의 미시적 대상에 적용되는 것으로 양자론의 기
초를 이루는 물리학 이론의 체계를 다룬 학문이다. 그런데 화학공학
과에 다니고 있는 휘소가 양자역학을 공부하기 시작한 것이었다.

당시 화학공학과는 기초이론보다 응용 쪽을 더 많이 가르쳤다. 대
한민국의 과학이 다른 나라에 비해 뒤처진 데다 전쟁이 끝난 뒤의

경공업 발전에는 응용 기술이 훨씬 더 많이 필요했기 때문이다.

하지만 휘소는 진정한 학문보다 기술에 치우치는 공부가 못마땅했다. 오히려 화학공학보다 순수한 학문을 다루는 물리학이 훨씬 마음에 들었다. 하지만 화학공학과에서 물리학과로 옮기는 일은 불가능했다. 화학공학과는 공과대학이지만 물리학과는 문리과대학이기 때문에 곤란할 것이라는 게 교수와 친구들의 말이었다. 이 말에 휘소는 몹시 실망했다.

물리학과로 옮길 수는 없었지만 휘소는 양자역학에 대해 계속 공부했다. 거시적(사물에 대하여 전체적으로 파악하고 이해하는 것)인 물체에 대해 성립하는 고전 역학에 대해서, 에너지에 적은 양으로 존재하고 있다는 양자론을 따라 전자 · 원자 · 분자 · 광자 · 복사 등 미시적인 대상을 역학적으로 다루는 양자역학을 혼자서 공부해 나갔다. 그것도 우리말이 아닌 영어로 쓰인 책을 가지고서였다.

휘소가 읽는 책은 미국의 아이링 교수가 쓴 양자역학 원서였다. 그런데 휘소는 아이링 교수의 책을 읽다 말고 고개를 갸우뚱거렸다.

"아니, 이 문제가 왜 이렇게 되는 거지?"

휘소는 문제를 다시 풀어 보았다. 하지만 아무리 다시 풀어 보아도 문제는 제대로 풀리지 않았다. 몇 번을 다시 계산해 보고 논리 관계를 따져 보아도 결과는 마찬가지였다. 휘소는 아이링 교수의 책을 들고 전완영 교수에게 달려갔다.

“교수님, 이 문제를 한번 봐 주십시오. 아무리 봐도 틀린 문제 같습니다.”

전완영 교수도 휘소가 들고 온 문제를 보고 깜짝 놀랐다.

“알 만한 사람은 다 아는 물리학자가 이런 실수를 하다니! 이걸 발견해 낸 자네도 정말 대단하네.”

전완영 교수의 대답을 듣고 나자 휘소는 더욱더 호기심이 생겼다. 자신의 계산이 맞는지 맞지 않는지 확인해 보고 싶은 마음이 들었다. 그래서 휘소는 독후감과 함께 잘못된 문제에 대한 의견을 적어서 아이링 교수에게 보냈다.

아이링 교수에게 편지를 보내 놓고 휘소는 가능성이 별로 없는 답장을 조마조마한 마음으로 기다렸다. 한국처럼 작은 나라의 학생이 지적한 오류에 자존심이 상했을 수도 있기 때문이었다. 하지만 얼마 지나지 않아 휘소는 아이링 교수의 답장을 받았다.

당신의 계산이 맞습니다. 이렇게 내 책에 관심을 갖고 잘못된 부분을 찾아 주어서 정말 감사합니다. 부디 열심히 공부하시기 바랍니다.

휘소는 너무도 기쁜 나머지 아이링 교수의 답장을 친구들에게 보여 주었다. 그리고 전공을 화학공학과에서 물리학과로 바꾸고 싶다고 학교 측에 말했다. 하지만 학교에서는 단과대학이 다르기 때문에 학과를 바꿀 수 없다고 대답했다.

그러나 휘소가 미국의 한 물리학자의 오류를 지적한 일은 서울대학교 공과대학 전체에 널리 퍼졌다. 아울러 화학공학과를 수석으로 입학했다는 사실까지 입에서 입으로 전해졌다.

그때 한국전쟁 참전미군 장교 부인회가 후원하고 장학금까지 지급하는 유학생 선발대회가 있다는 소식이 들려왔다. 주한미군 공군본부에서는 문화교육부(현재의 교육부)를 통해 유학생 선발대회에 응시할 우수한 학생들을 추천해 달라고 했다.

물리학을 공부하고 싶었던 휘소는 조금도 망설이지 않고 유학생 선발대회에 응시했다. 그리고 우수한 성적으로 합격했다. 이에 주한미군 장교 부인회에서는 장학금을 보장하겠다는 통지서를 보내왔다.

서울대학교 화학공학과에서 성적이 가장 우수한 이휘소 군이 미국 유학을 원한다면 주한미군에서 비행기 삯과 원하는 미국 대학의 편입학금 및 등록금을 책임지고 지불하겠으니, 답변해 주시면 감사하겠습니다.

1954년 12월 15일에 도착한 통지서에는 주한미군 공군사령관 공군대장 이얼 패트리지의 서명이 있었다.

평생 물리학을 공부하고 싶었던 휘소에게 더없이 좋은 기회가 찾아온 셈이었다. 미국으로 유학을 가면 화학공학과에서 물리학과로 전공을 바꿀 수도 있다고 했기 때문이다. 하지만 통지서를 받아든 휘소는 선뜻 미국 유학을 갈 엄두를 내지 못했다. 아무리 장학생이라지만 주한미군에서 책임지는 것은 비행기 삯과 학교 등록금뿐이었다. 그 외에 기숙사비나 책값, 그리고 용돈은 모두 어머니의 도움을 받아야 했다.

많은 생각을 한 끝에 휘소는 어머니 앞에 무릎을 꿇고 말했다.

"어머니, 유학을 가지 않겠습니다."

어머니는 휘소의 말에 깜짝 놀랐다.

"그게 무슨 말이냐? 이게 얼마나 좋은 기회인데 유학을 가지 않겠다니……."

"미국 유학은 비행기 삯과 등록금만으로는 할 수 없지 않습니까? 아무래도 우리 형편으로는 ……."

"너는 그런 걱정 하지 마라. 그저 공부만 열심히 하면 돼."

"그래도……."

"널 가르치신 선생님들이 나에게 찾아와서 이런 말씀을 하신 적이 있다. 너는 하늘이 내린 아이이니 잘 키워야 한다고 말이다. 그분들뿐만 아니라 많은 사람이 너에게 큰 기대를 가지고 있는데, 그걸 저버려서는 안 되지 않겠니?"

어머니의 말은 부드러우면서도 단호했다. 휘소는 어머니의 설득을 어떤 말로도 이겨 낼 재간이 없었다.

"알겠습니다, 어머니. 반드시 기대에 부응하는 사람이 되겠습니다."

아무리 해도 어머니의 뜻을 꺾을 수 없다는 것을 깨달은 휘소는 마침내 유학을 떠나기로 결심했다.

살갗을 에는 것 같은 추운 겨울날 이른 아침, 휘소는 여의도 비행장에서 미군 전용기에 몸을 실었다. 당시 여의도 비행장은 우리가 흔히 알고 있는 공항이 아니라 군용 비행장이었다. 1955년 1월 26일, 허허벌판에 서 있는 비행장에서 휘소는 가족과 친구들의 배웅을 받으며 미국 유학길에 올랐다.

마이애미 대학의 신입생 되다

미군의 전용기에 오른 휘소는 열세 시간 만에 뉴욕 공군 비행장에 도착했다. 비행기의 착륙을 알리는 안내 방송이 나오자마자 휘소는 비행기 트랩을 뛰어 내려왔다. 뉴욕에는 진눈깨비가 내리고 있었다. 먹구름은 곧 땅에 닿을 듯이 하늘을 무겁게 뒤덮은 채 흘러갔다. 이런 날씨마저 휘소에게는 상쾌하게 느껴졌다. 세계의 인재들이 모인 미국에 도착했다는 사실에 휘소의 가슴은 곧 터질 듯이 벅차올랐다.

하지만 마이애미 대학까지 가려면 아직도 갈 길이 멀었다. 마이애미 대학은 캐나다와 국경을 접하고 있는 오하이오 주의 옥스퍼드 시에 있었다. 뉴욕에서 옥스퍼드 시까지는 버스로 일곱 시간이

나 걸리는 거리에 있다.

휘소는 마이애미 대학에 도착할 때까지 잠시도 차창에서 눈을 떼지 않았다. 미국은 얼마 전 전쟁을 겪은 한국과 너무나도 달랐다. 모든 건물이 웅장했고, 거리는 밝은 표정으로 힘차게 걷는 사람들로 활기차 보였다. 또한 가게마다 물건이 가득 쌓여 있어 풍요롭게 느껴졌다.

마이애미 대학이 있는 오하이오 주까지 가는 길도 장관이었다. 휘소는 태어나서 그렇게 넓은 도로를 처음 보았다. 드넓은 지평선 또한 마찬가지였고, 거대한 산들 역시 벌어진 입을 다물지 못하게 했다.

오하이오 주는 '이리 호'라는 호수를 끼고 캐나다와 인접해 있으며 남한 넓이의 면적을 가지고 있지만 미국에서는 비교적 작은 주에 속하는 곳이었다. 이곳은 주로 보리와 콩, 고추 등이 생산되고, 석탄과 석유 등 지하자원이 풍부한 지역이었다.

오하이오 주에서 가장 큰 도시는 주의 중심인 콜럼버스 시와 마이애미 대학이 있는 옥스퍼드 시였다. 이 가운데서 옥스퍼드 시는, 영국의 식민지 시절에 영국 옥스퍼드 대학 출신의 장교가 새로 개척하는 도시에 자신이 다닌 학교 이름을 따서 붙였다고 한다.

마이애미 대학은 옥스퍼드 시의 서남쪽에 있었다. 휘소는 마이애미 대학교에 도착하자 서울대학교와는 비교가 되지 않을 정도로

웅장하고 아름다운 건물에 감탄했다. 울창한 숲 사이에 커다랗고 붉은 벽돌 건물이 있었고, 넓은 잔디밭은 따뜻한 햇볕을 받아 포근하게 보였다. 그 사이로 세계 여러 나라에서 온 대학생들이 오가거나 벤치에 앉아 이야기를 나누고 있었다. 또 운동장에서는 미식축구가 한창이었다.

휘소는 한참 동안 눈을 동그랗게 뜨고 학교를 둘러보다 교무과로 갔다. 서울대학교의 성적표와 편입학 서류는 주한미군을 통해 접수되어 있었지만 신원 증명서와 수강 신청서, 그리고 기숙사 입회 허락서 등을 제출해야 했기 때문이다. 교무과에는 외국에서 온 학생들을 위한 편입학실이 따로 마련되어 있었다. 휘소는 이곳에서 영어와 독일어, 고급미적분학 등 여러 과목을 수강 신청했다.

교무과에서는 수강 신청이 모두 끝나자 기숙사를 안내해 주었다.

"건물 뒤편으로 가면 '피셔 회관'이라는 곳이 있네. 그곳이 자네가 지낼 곳이야. 학생과로 가 보게. 거기서 자네를 안내해 줄 테니."

"감사합니다."

'피셔 회관'은 신입생과 전입생의 전용 기숙사였다. 건물은 다소 낡아 보였으나 학교 뒤의 언덕 위에 아늑하게 자리하고 있었다. 언덕을 빠른 걸음으로 올라와서인지 휘소가 숨을 헐떡이며 입회서를 내자 갈색머리의 여직원이 물었다.

"종교가 무엇입니까?"

휘소는 어리둥절해 했다. 기숙사에 들어가는 데도 무슨 종교가 필요한가라는 생각이 들어서였다.

"저는 아무런 종교도 가지고 있지 않습니다만……."

"아, 이 기숙사에는 불교나 이슬람교를 믿는 학생들이 많습니다. 그런 종교를 믿는 학생들은 고기를 먹지 않기 때문에 식탁을 따로 준비하고 있습니다. 제가 당신에게 종교를 물어본 이유는 그 때문입니다."

휘소는 학교에서 그런 배려까지 한다는 사실에 감탄했다.

"아! 그러셨군요."

휘소는 일본인 유학생과 함께 방을 배정받았다. 일본인 유학생은 집이 부자였고 영어도 유창하게 잘하는 친구였다. 그 친구의 이름은 다나카인데, 한동안 일본의 식민지였던 한국에서 온 휘소를 은근히 깔보았다. 하지만 휘소는 그런 일본인 친구를 무시해 버렸다. 이제 나라는 더 이상 일본의 식민지도 아니고 이 정도 일본인쯤이야 실력으로 이기면 된다고 생각했다.

방에서는 외로웠지만 마이애미 대학에서 휘소는 혼자가 아니었다. 마이애미 대학에 온 첫날 학교를 둘러보다 한국 유학생을 두 명이나 만났다. 그들은 그날 휘소와 함께 저녁을 먹었고, 휘소가 마이애미 대학에서 공부하는 동안 좋은 친구가 되어 주기로 약속했다.

휘소는 그날 밤 10시가 넘어서 기숙사에 돌아왔다. 그리고 곧장 어머니에게 편지를 썼다. 며칠 동안 계속된 여행에 피곤했지만 자나 깨나 휘소의 편지를 기다릴 어머니 때문에 그대로 잠을 잘 수 없었다.

편지를 쓰는 동안 휘소의 머릿속에는 어머니와 동생들의 얼굴이 빠르게 스쳐 지나갔다. 병원 일을 마치고 집에 돌아올 때마다 우편함을 열어 보는 어머니와 학교에서 돌아오자마자 우편함을 확인하는 동생들의 모습이 눈앞에 생생하게 그려졌다. 휘소는 편지를 쓰면서 어머니와 동생들을 위해서라도 정말 열심히 공부해야겠다고 속으로 다짐했다.

하지만 학교 공부는 쉽지 않았다. 무엇보다 영어로 말하는 교수의 강의를 듣고 영어로 숙제를 해야 한다는 게 가장 어려웠다. 또한 서울대학교에서 얻은 학점 중 70학점은 인정해 주지만 입학 후 2학기 동안 평균 이상이 되어야 한다는 조건이 있기 때문에 더욱 쉽지 않았다. 게다가 독일어 수업은 독일어로 묻고 대답하는 방식이라서 보통 어려운 게 아니었다.

모든 공부가 이렇게 어려웠지만 휘소는 결코 어렵다고 생각하지 않았다. 오히려 공부가 어려우면 어려울수록 더욱 재미있어 했다. 매일같이 숙제도 많았고, 특히 고급미적분학은 잠시 쉴 시간조차 주어지지 않았지만 휘소는 모르는 것을 알아 가는 공부가 즐겁기만 했다.

휘소는 매일 아침 일곱 시도 안 되어서 일어났고 여덟 시에 시작된 학교 수업이 끝나면 자정까지 도서관에서 공부를 했다. 얼마나 열심히 공부하는지 같은 방을 쓰는 다나카도 놀랄 정도였다. 한번은 밤이 늦도록 도서관에서 공부를 하다 얼음판으로 변해 버린 밤길에서 넘어지는 바람에 파티에 가지 못한 일도 있었다. 꽤 많은 눈이 내렸는데도 해가 지면 녹은 눈이 빙판으로 변한다는 사실을 미처 생각지 못했던 것이었다.

친구들은 공부에만 매달리는 휘소를 이해하지 못했다. 강의도 다른 학생들보다 두 과목이나 더 듣는 데다 밤늦게까지 도서관에서 공부하는 휘소를 볼 때마다 두 손을 펼치고 어깨를 으쓱했다. 하지만 휘소는 친구들의 시선 따위는 아랑곳하지 않았다. 휘소의 머리에는 다달이 돈을 부쳐 주는 어머니의 고생을 조금이라도 덜어드리려면 더 열심히 공부해야 한다는 생각뿐이었다.

또한 휘소는 자신을 위해서도 빨리 대학을 마치고 싶었다. 어머니가 한 달에 50달러씩 부쳐 주고 있긴 했지만 그 돈으로는 한 달을 살기가 턱없이 부족했다. 방세와 밥값으로 일주일에 각각 5달러와 10달러를 내야 했고, 그 외에도 책값과 세탁비 등을 합하면 100달러 이상이 필요했다. 때문에 아무리 아끼고 또 아껴도 휘소에게는 늘 돈이 부족했다.

휘소는 며칠 고민한 끝에 아르바이트를 하기로 마음먹었다. 사실 그동안은 아르바이트를 하고 싶어도 공부하는 데 시간을 빼앗기고 싶지 않아서 결정을 내리지 못하고 있었다. 뿐만 아니라 다른 학생들처럼 뭔가 일을 해야 하지 않을까 하고 생각할 때마다 어머니의 당부도 결정을 가로막았다.

한국을 떠나올 때 어머니는 여의도 미군 비행장에서 휘소의 손을 잡고 이렇게 신신당부했다.

"아르바이트 같은 건 절대 하지 마라. 그 먼 데까지 갔으면 공부만 해야지."

철웅이와 무언이, 영자도 고개를 끄떡였다.

"그래, 어머니 말씀이 맞아. 아르바이트 같은 건 절대 하지 마."

민희식과 초등학교 친구들은 돈을 모아서 휘소에게 주었다.

"다른 생각 하지 말고 공부만 해라. 우리는 네가 뭔가 이뤄 내기를 바란다."

하지만 아무리 절약해도 아르바이트를 하지 않고는 견뎌 낼 방법이 없었다.

휘소는 아프켄 물리학과 주임교수(어떤 전문 학과를 담당하는 교수)를 찾아갔다. 학생과에 아르바이트를 신청할 수 있는 곳이 따로 있었지만 마이애미 대학에 처음 온 날 만난 친구가 주임교수를 찾아가는 것이 더 빠르다고 말한 기억이 났기 때문이다.

아프켄 교수는 미국 예일 대학에서 박사 학위를 받은 아랍인으로, 소박한 생활과 언제나 입가에 미소를 띠어 학생들에게 인기가 높았다. 그뿐만 아니라 휘소처럼 화학을 공부하다 물리학으로 전공을 바꾸었기 때문에 누구보다 휘소를 잘 이해했다.

"교수님께서 아르바이트 할 곳을 알아봐 주실 것 같아 찾아왔습니다. 학생과에서도 신청을 할 수 있다는 걸 알고 있지만 제가 사정이 급하기 때문입니다."

"전쟁이 끝난 지 얼마 되지 않아서 집안 형편이 어려운 모양이군. 하지만 아르바이트를 하게 되면 공부에 지장이 많을 텐데……."

"각오하고 왔습니다."

며칠 뒤 아프겐 교수는 휘소를 불러 일자리를 소개해 주었다.

"마침 학교 앞에 있는 중국 식당에서 배달할 사람을 찾고 있다네. 어서 가 보게."

"감사합니다, 교수님."

휘소는 아프켄 교수의 말을 듣자마자 중국 식당으로 달려갔다. 휘소의 머리 위에는 사월의 햇빛이 눈부시게 쏟아졌다. 한달음에 달려간 중국 식당에는 아르바이트를 써야 할 만큼 손님이 많았다. 휘소는 중국 식당에 가자마자 팔을 걷어붙이고 음식을 날랐다. 당시 한국에서는 대학생이 식당에서 일을 하면 사람들의 눈초리를 받았지만 미국에서는 자립심을 키우기 위해 아르바이트를 하는 경우가 굉장히 많았다.

중국 식당에서 음식을 배달하는 일은 밤늦게 끝났다. 아르바이트가 끝난 뒤 집으로 돌아오자 하루의 피로가 한꺼번에 몰려왔다. 휘소는 하품을 하고 눈꺼풀을 비비며 책을 펼쳤다. 다음 날 들어야 할 수업이 하나 둘이 아니었고 숙제도 밀려 있었다.

창밖의 하늘에는 별이 초롱초롱하고 세상은 더없이 고요한 시간이었다. 휘소는 시계를 보았다. 어느덧 새벽 한 시가 다 되었다. 휘소는 책을 덮은 뒤 기지개를 켜고 편지지를 펼쳤다. 빨리 어머니에게 편지를 쓰고 잠자리에 들기 위해서였다.

미국에 온 뒤 휘소는 보통 2~3일에 한 통씩 어머니에게 편지를 썼다. 그러나 아르바이트를 하고 왔기 때문인지 휘소는 여느 때와 달리 조금 흥분되어 있었다.

어머니, 이렇게 일을 하면서도 1등을 한다면 얼마나 더 기쁘겠습니까? 공부도 더욱 노력해서 학기말에는 전부 A 학점을 받도록 하겠습니다.

다음 날 아침 일곱 시가 되자 휘소는 어김없이 잠에서 깨어났다. 그러나 일본인 친구는 그때까지도 꿈속을 헤매고 있었다. 휘소도 더 자고 싶은 유혹을 느꼈지만 자리를 박차고 일어나서 조용조용

책을 챙겼다. 간밤에 어머니에게 쓴 편지도 잊지 않았다. 일본인 친구는 휘소가 방문을 여는 소리에 비로소 잠에서 깼다.

강의실로 가는 길에 휘소는 한국 유학생을 만났다. 휘소와 친구가 되기로 한 유학생은 휘소에게 한국말로 아침인사를 했다. 휘소는 영어로 대답했다. 한국 유학생 친구가 어리둥절해 했지만 휘소는 헤어질 때도 영어로 인사했다.

휘소는 멀어져 가는 한국 유학생을 바라보며 혼자 중얼거렸다.

"저 친구는 왜 자신이 영어를 잘 못 하는지 그 이유를 모르고 있군. 일상생활에서부터 영어를 쓰지 않으면 미국인처럼 잘할 수 없는데 말이야. 그들처럼 하지 못하면 강의 내용을 놓칠 때가 많을 텐데……."

교수의 말은 여전히 빨랐다. 그런데 속사포처럼 빠른 교수의 말이 어느 날 휘소에게 제대로 들리기 시작했다. 그 순간 휘소는 놀랐다. 그리고 약간 흥분되었다. 그보다 더 놀란 사람은 교수의 질문에 정확하게 대답하는 휘소를 본 일본인 친구였다.

같은 방을 쓰는 일본인 친구는 어떻게 해서 그렇게 영어를 잘하게 되었느냐고 휘소에게 물었다. 휘소는 빙그레 웃으며 꿈도 영어로 꿨더니 잘하게 되었다고 대답했다.

아인슈타인의 죽음을 애도하다

1955년 4월 18일, 세계적인 과학자인 아인슈타인이 세상을 떠났다.

휘소는 식당에서 음식을 나르다 아인슈타인이 사망했다는 소식을 들었다. 저녁식사 시간이라 식당에는 손님들로 몹시 붐볐는데도 아인슈타인의 죽음을 알리는 라디오 뉴스가 휘소의 귀에 들어왔다.

아인슈타인이 숨을 거둔 곳은 프린스턴 병원이었다. 그곳에서 아인슈타인은 마지막 숨을 거두는 순간까지도 수학 문제를 풀고 있었다고 했다.

이 소식에 음식을 나르던 휘소는 하마터면 접시를 떨어뜨릴 뻔했다. 그도 그럴 것이 아인슈타인은 휘소의 영웅이기 때문이었다. 휘소가 화학에서 물리학으로 전공을 바꾸게 된 것도 사실은 아인슈타인의 '상대성 이론'의 영향이 컸다. 그런 아인슈타인이 세상을 떠났으니 휘소가 슬퍼하는 것은 너무나 당연했다.

아인슈타인의 장례식을 거행하는 날은 1955년 4월 22일이었다. 휘소는 이날 아르바이트를 쉬었다. 중간고사를 치르고 음식 배달을 하느라 몹시 피곤했지만 장례식장에 가기 위해 새벽에 일찍 일어났다. 새벽 버스를 타고 장례식이 치러지는 뉴저지 주의 프린스턴 고등연구소까지 가려면 서둘러야 하기 때문이었다. 휘소는 눈을 비비며 욕실로 들어가 세수를 시작했다. 그 순간 붉은 피가 세면대 위로 뚝뚝 떨어지는 게 보였다. 코피였다. 휘소는 코의 아래쪽을 엄지와 집게손가락으로 세게 눌렀다. 한참 동안 누르고 있자 다행히 코피가 멎었다.

밖에는 비가 내리고 있었다. 멀리 지평선에는 비안개가 자욱했고 하늘에는 검은 먹구름이 가득했다. 휘소는 조용하게 내리는 봄비가 위대한 과학자의 죽음을 애도하는 하늘의 눈물이라고 생각했다.

뉴저지 주는 대서양 연안에 있는 작은 주이며, 프린스턴은 밀스톤 강 연안에 자리한 작은 도시다. 휘소를 태운 버스가 도착했을 때 이 도시 곳곳에는 스위트피나 금잔화 같은 봄꽃들이 활짝 피어 있었고, 집집마다 아인슈타인을 추모하는 조기가 걸려 있었다.

휘소는 엄숙하고 경건한 분위기의 거리를 지나 프린스턴 고등연구소로 갔다. 프린스턴 고등연구소의 넓은 잔디밭이 아인슈타인의 장례식을 거행하는 곳이었다. 그곳에는 세계적으로 위대한 과학자의 죽음을 애도하기 위해 많은 사람이 모여 있었다. 아이젠하워 미국 대통령과 프린스턴 고등연구소장 오펜하이머는 물론 노벨 물리학상을 받은 하이젠베르크 등 세계에서 내로라하는 과학자들이 장례식장을 가득 메우고 있었다.

휘소는 숨을 죽인 채 이들을 바라보며 아인슈타인이 처음으로 '상대성 이론'을 발견했던 때를 떠올렸다.

1905년, '특수 상대성 이론'을 발표할 때 아인슈타인은 특허국에서 말단 공무원으로 일하고 있었다. 당시 그의 나이 27세였다고 한다. 과학자도 아닌 말단 공무원이 상대성 이론을 발표하자 세상은 놀랍다는 여론으로 들끓었다. 그도 그럴 것이, 독일에서 유태인의 아들로 태어난 데다 어렸을 때는 공부도 못했을 뿐만 아니라 한때는 국적도 없이 여기저기 떠돌았던 젊은 청년이, 그때까지 철석같이 믿고 있던 뉴턴의 역학 법칙을 송두리째 뒤흔든 이론을 발표했기 때문이다.

무엇보다 사람들을 놀라게 한 것은 이처럼 위대한 발견을 하기 위해 아인슈타인이 한 일은 아주 단순했다는 사실이다.

예를 들면, 당근과 강판(과일즙을 만들 때 과일을 가는 기구)을 가지고 당근을 갈아서 당근 주스를 만든다고 할 때, 당근과 강판을 가지고는 가정이고, 당근을 간다는 것은 과정이며, 당근 주스를 만든다는 결과를 말하는 것이다. 아인슈타인은 바로 이와 같은 간단한 이론을 과학에 접목시켰다. 그 결과 어떤 입자에 포함되어 있는 에너지의 양은 그 입자의 질량에 광속의 제곱을 곱한 것과 같다는 이론을 발견하게 되었다.

이어서 아인슈타인은 1915년에 '일반 상대성 이론'도 발견했다. '특수 상대성 이론'이 말 그대로 특수한 상황에서만 쓰일 수 있는 이론이라면 '일반 상대성 이론'은 중력(지구 위의 물체에 작용하는 지구의 만유인력과 지구의 자전에 의한 원심력을 합한 인력)을 설명하는 이론이다.

일반 상대성 이론에서는 중력을 가리켜 질량을 가진 물체가 공간을 휘게 만들어서 나타내는 힘이라고 말한다. 마치 모래밭에 쇠구슬이 떨어지면 움푹 파이고 그곳으로 모래알이 끌려 내려가는 것처럼 말이다. 다시 말해서 일반 상대성 이론은 '왜 그런 결과가 나올 수밖에 없는가'를 설명하는 이론이다. 또한 그 설명을 제대로 알아듣기 위해서는 매우 높은 수준의 수학과 과학 지식이 필요하다.

빛이 태양의 인력에 의해 휘어진다는 행성 궤도 운동의 변화를 발견한 상대성 이론과 아울러 액체 속에 떠 있는 입자들이 쉬지 않고 움직이며 변한다는 '브라운 운동 법칙'은 세계의 학자들에게 크나큰 충격을 안겨 주었다.

일찍이 뉴턴은 광학에 대해 이렇게 말한 적이 있다.

"태초에 신께서 물질을 만들 때, 견고하고 무겁고 단단한 입자들도 만들었다. 이 입자들은 고체로 되어 있어서 결코 갈리고 닳아서 없어지거나 부서질 수 없다."

하지만 아인슈타인은 '브라운 운동 법칙'을 통해 뉴턴의 이론을 정면으로 부정했다. 그것도 수학과 물리학으로 증명해 냈다. 브라운 운동 법칙은 한마디로 말해서 액체나 기체 안에 떠서 움직이는 미소 입자의 불규칙한 운동이라 할 수 있다.

아주 오래전 영국의 식물학자 브라운은 긴 여행을 시작했다. 화창한 봄날의 여행길은 여기저기 꽃들이 활짝 피어 즐거웠다. 게다가 부드러운 바람까지 불어와 기분을 상쾌하게 했다. 브라운은 깊이 숨을 들이마시기도 하고 노래를 부르기도 했다. 한참 동안 기분 좋게 길을 가던 브라운은 길 한가운데 있는 웅덩이를 발견했다. 브라운이 웅덩이를 피해 돌아가려는데 한 줄기 세찬 바람이 불어오면서 꽃가루가 웅덩이 위로 날아왔다. 브라운은 한참 동안 웅덩이 위에 떠 있는 노란 꽃가루를 들여다보았다. 꽃가루는 물결을 따라 한동안 물 위를 이리저리 떠다녔다. 그리고 바람이 그치고 물결이 잔잔해진 지 한참이 지난 뒤에도 꽃가루는 계속 움직였다.

나중에 브라운은 현미경으로 물 위에 뜬 꽃가루를 다시 관찰했다. 육안으로 볼 때는 몰랐는데 꽃가루가 바르르 떠는 것을 발견한 브라운은 놀라움을 감추지 못했다. 이렇게 해서 알아낸 것이 바로 '브라운 운동 법칙'이다.

한동안 아무 관심도 받지 못했던 브라운 운동 법칙을 수학적, 물리적으로 풀어낸 사람이 아인슈타인이었다.

증기 기관차가 발달하면서 양자역학도 발달했는데, 증기의 움직임을 서술하기 위해서는 원자가 정말 존재하는지부터 증명해야 했다. 하지만 학자들은 그 전까지 원자나 브라운 운동에 대해 논의할 가치조차 없다고 여겼기 때문에 증기를 입자의 모임이라고 이해는 하면서도 수학적으로 풀어내지 못했다. 그런데 아인슈타인이 브라운 운동의 양상이 실제와 같으려면 물은 입자로 되어 있어야 한다는 것까지 증명해 낸 것이다.

이로써 원자는 눈으로 확인할 수 있는 하나의 현상으로 이해하게 되었다. 뉴턴이 말한 '신이 만들어 준 상태로 존재하는' 세상을 '내가 보는 것에 의해 존재하는 것'으로 사람들의 생각을 바꾸어 놓았다. 그리하여 사람들은 뉴턴이 만유인력과 역학 법칙을 발견한 1687년을 '고전과학의 기적의 해'라고 하고, 아인슈타인이 특수 상대성 이론을 발표한 1905년을 '현대과학의 기적의 해'라고 불렀다.

훗날 위대한 수학자 힐버트는 아인슈타인에 대해 다음과 같이 말한 적이 있다고 한다.

"거리를 지나가는 어떤 젊은이를 붙잡고 물어봐도 사차원 기하학에 대해서는 아인슈타인보다 더 잘 이해한다. 그럼에도 사차원 기하학은 아인슈타인이 만들었지, 다른 사람이 만든 것이 아니다. 그렇다면 어째서 아인슈타인이 공간과 시간에 대해 가장 독창적이며, 심오한 진리를 말할 수 있었는가? 그것은 그가 시간과 공간에 관한 모든 철학과 수학에 대해 배운 적이 없기 때문이다."

이 글을 읽은 아인슈타인은 이렇게 말했다.

"지식보다 더 중요한 것은 상상력이다. 지식은 단순히 아는 것이지만, 상상력은 독창적이기 때문이다."

다시 말해서 상상력이야말로 공부를 못했던 아인슈타인을 천재로 만들어 준 밑거름이었다고 할 수 있다. 휘소가 '일반 상대성 이론'을 읽으면서 감동한 것은 바로 이 점 때문이었는지도 모른다. 미국에서 만난 모든 교수들이 하나같이 아인슈타인의 상상력을 강조할 때 휘소 역시 아인슈타인이 했던 말에 깊이 공감했다.

하지만 휘소가 아인슈타인을 과학자로서만 존경한 것은 아니었다. 아인슈타인은 세상 그 누구 못지않게 평화를 사랑한 사람이었다.

1939년부터 세계는 제2차 세계 대전의 아비규환 속으로 빠져들었다. 제2차 세계 대전을 일으킨 나라 가운데 독일에서 원자폭탄을 연구하고 있다는 것을 알게 된 아인슈타인은 미국의 루즈벨트 대통령에게 편지를 보냈다. 비록 독일에서 태어나고 자랐지만 독일이 원자폭탄을 개발하기 전에 미국에서 먼저 개발하는 것만이 세계의 불행을 막는 길이라고 생각했기 때문이다. 그러나 미국에서도 원자폭탄을 실제로 사용하는 일이 없기를 바랐다.

하지만 미국이 만든 원자폭탄은 일본의 히로시마에 떨어졌고 끔찍한 참상에 아인슈타인은 진심으로 안타까워했다.

"오! 비통한 일이야."

그 뒤부터 아인슈타인은 죽을 때까지 여러 학자들과 함께 핵전쟁 방지 운동에 적극적으로 앞장섰다. 원자 에너지는 어느 한 나라의 이익을 위해 쓰여서는 안 되며 인류 전체의 평화를 위해 쓰여야 한다는 것이 아인슈타인의 생각이었다.

장례식장에서는 아이젠하워 미국 대통령의 추도사(죽은 사람을 생각하며 슬퍼하는 글)가 시작되고 있었다. 아이젠하워 대통령은 추도사에서 프린스턴 고등연구소에 들어오는 길을 아인슈타인 길로 이름 지을 것을 제안했다.

아이젠하워 미국 대통령의 뒤를 이어 추도사를 낭독한 오펜하이머 프린스턴 고등연구소장도 아인슈타인의 죽음을 몹시 슬퍼했다. 오펜하이머는 추도사에서 아인슈타인이 세상을 떠나기 전까지도 통일장 이론에 대해 연구했다고 말했다. 통일장 이론은 입자 물리학에서 기본 입자 사이에 작용하는 힘의 형태와 상호 관계를 하나의 통일된 이론으로 설명하고자 하는 장의 이론인데, 아인슈타인은 밤늦게까지 노트와 몇 장의 종이를 갖고 씨름하다 잠이 든 채 저 세상으로 떠났다는 것이었다.

마침내 여러 사람의 추도사가 모두 끝나고 꽃을 바치는 순서가 이어졌다. 장례식장에 모인 사람들은 길게 줄을 서서 저마다 아인슈타인 앞에 꽃을 바쳤다. 맨 끝에서 줄을 따라간 휘소도 마지막으로 헌화했다.

그리고 오랜 시간 끝에 아인슈타인의 장례식이 모두 끝났다. 많은 사람이 하나 둘 자리를 뜨기 시작했고, 휘소도 천천히 프린스턴 고등연구소를 걸어 나왔다.

휘소는 마이애미로 다시 돌아가는 길에 아인슈타인에 대한 기사가 실린 신문을 사서 읽었다. 신문에는 아인슈타인의 사진도 큼직하게 실려 있었다. 휘소는 신문을 보면서 아인슈타인처럼 죽을 때까지 연구를 손에서 놓지 않는 과학자가 되면 좋겠다고 생각했다.

스내퍼 교수의 마지막 학생

대학교 4학년이 되면서 휘소는 음식 배달 아르바이트를 그만두었다. 전공으로 확정된 물리학을 공부하려면 시간이 턱없이 부족할 것 같았기 때문이다. 중국 식당의 아르바이트를 그만두고 나서는 기숙사에서도 나왔다. 그리고 학교 근처에 같은 학과의 학생과 하숙방을 얻었다.

그리고 4학년 강의를 듣게 된 휘소는 이론 물리학 시간에 아프켄 교수를 다시 만났다. 졸업반이 되면 물리학만 세 과목이나 들어야 하는데 그중 이론 물리학을 담당하는 교수가 아프켄 교수였다.

이론 물리학은 실험 물리학의 반대로 물질 현상을 이론적으로 연구하는 학문이다. 때문에 수학은 아니지만 매우 복잡한 계산을 해야 했다. 이론 물리학 강의는 처음 몇 주 동안은 그다지 어렵지 않았다. 한국에서 혼자 공부해 둔 수학이 꽤 많은 도움이 되었다. 그러나 이론 물리학 문제를 응용하는 부분에서는 휘소도 머릿속이 아득해지곤 했다. 그만큼 이론 물리학의 계산이 어려웠다.

아프켄 교수가 강의실로 들어오자마자 휘소를 비롯한 학생들은 엄살 섞인 항의를 하기 시작했다.

"저희는 공부를 하면 할수록 자꾸 열등감만 늘어납니다. 혹시 저희에게 열등감을 가르치시는 것은 아닙니까?"

아프켄 교수는 빙그레 웃으며 학생들을 한번 훑어보았다.

"이제야 너희가 뭔가를 제대로 알기 시작했구나."

이어서 아프켄 교수는 아인슈타인에 대해 이야기했다.

"아인슈타인이 '특수 상대성 이론'을 발표했을 때 세상 모든 사람은 아무런 관심도 갖지 않았다. 왜냐하면 아인슈타인을 인정한다는 것은 곧 뉴턴을 부정하는 것이기 때문이었지. 그때까지만 해도 뉴턴을 부정하는 일은 상상도 하지 못했다. 그래서 아인슈타인의 상대성 이론은 차츰 빛을 잃어 갔지.

그런데 5년이 지난 어느 날 한 과학자가 자신의 제자에게 새 코페르니쿠스가 탄생했다면서 아인슈타인의 논문을 읽어 보라고 말했다. 그렇게 빛을 보기 시작한 상대성 이론은 영국의 옥스퍼드 대학에서 처음으로 인정을 받게 되었지. 1919년 어느 가을날, 옥스퍼드 대학에서 일식을 관측하다 태양의 근처를 지나는 빛이 실제로 휘어지는 것을 발견했다. 휘어지는 정도도 아인슈타인의 계산과 딱 맞아떨어졌다. 그제야 사람들은 모두 아인슈타인의 상대성 이론에 놀라움과 감탄을 금치 못했지.

무언가를 알아 간다는 것은 이런 것이다. 처음에는 관심을 받지 못하던 것을 사람들이 차츰 깨달아 가면서 알게 되는 것이다. 그래서 나는 여러분에게 상대성 이론이나 원자론의 근원에 대한 숙제를 내주기로 했다. 숙제는 2주 뒤에 해 오도록.”

아프켄 교수의 강의를 듣고 난 휘소는 이전보다 더 열심히 이론 물리학에 매달려야 했다. 그렇지 않으면 아프켄 교수가 말한 시간 안에 숙제를 해 갈 수가 없었다. 아프켄 교수의 강의는 갈수록 어려워졌고 숙제는 더욱 많아졌다.

휘소의 4학년 첫 학기는 매우 바빴다. 10월에는 중간고사가 있었다. 휘소는 잠자는 시간을 줄여 가며 시험을 준비했다. 시험을 준비하는 동안 휘소는 그동안 배웠던 과목들을 다시 처음부터 복습했다. 그래도 답을 알기 어려운 문제가 있었다. 그때마다 휘소는 따로 문제를 적어 놓고 다시 분석하고 계산을 해 보았다. 아무리 어려운 문제도 처음부터 다시 분석하고 끊임없이 연구하다 보면 어김없이 풀리곤 했다.

그뿐만 아니라 휘소는 시험 준비를 하는 동안 틈틈이 전공과목에 도움이 되는 다른 책들도 읽었다. 이론 물리학에는 꼭 수학과 물리학만 필요한 게 아니라 철학도 필요했고 불교나 힌두교 같은 종교학도 필요했다.

준비가 철저했던 만큼 시험 성적은 우수했다. 하지만 휘소는 우수한 성적에 만족하지 못했다. 이 정도는 중학교 때까지 숱하게 올렸던 성적이기 때문이었다. 머나먼 미국까지 와서 겨우 우수한 성적이라니, 휘소는 혼자서 고개를 절레절레 저었다.

‘이유가 뭘까? 내가 우수한 성적밖에 받지 못한 이유가 도대체 뭐지?’

아무리 곰곰이 생각해 봐도 이유는 한 가지밖에 없는 것 같았다. 아직도 영어 실력이 부족하다는 것. 사실 휘소의 영어 실력은 미국에서 태어나고 자랐다고 해도 믿을 정도로 뛰어났다. 하지만 어려운 영어가 자주 등장하는 강의 시간에는 한두 마디씩 놓치는 경우가 있었다. 휘소가 잘 알아듣지 못한 말들은 강의 내용에서 아주 중요한 것이 많았다.

마침 그 무렵 휘소는 ‘유럽 문학 사조’라는 강의를 듣게 되었다. 유럽 문학 사조란 고전주의나 낭만주의, 사실주의 등 역사적으로 비슷한 사상과 배경을 가진 유럽 문학 작품들을 함께 묶어 연구하는 과목이다.

휘소는 유럽 문학 사조 강의를 듣게 되면서 성경을 열심히 읽었다. 영어를 보다 확실하게 익히기 위해서였다. 성경을 읽는 휘소를 본 룸메이트는 영문을 모르겠다는 얼굴로 물었다.

"도대체 이 성경은 뭐지? 우리는 유럽 문학 사조를 공부해야 한다고."

룸메이트의 말이 끝나기도 전에 휘소는 고개를 들고 대답했다.

"나는 유럽 문학 사조를 공부하기 위해 성경을 읽는 거야."

"그게 무슨 말이지? 공부를 하기 위해 성경을 읽다니?"

"내 영어 실력이 아직도 조금 모자란 것 같아서 말이야. 또 성경을 읽으면 영어 실력만 느는 게 아니거든."

그러자 룸메이트는 도저히 이해할 수 없다는 표정으로 다시 물었다.

"너는 지금 아주 뛰어난 영어 실력을 가지고 있어. 그런데도 영어 공부를 더 해야 한단 말이야?"

이 말에 휘소는 웃었다. 최고에 도전하려면 영어 실력이 보다 더 완벽해야 하는데 룸메이트는 휘소의 실력이 뛰어나다고 하니 웃을 수밖에 없었다.

새해가 되고 1956년 봄 학기가 시작되면서 휘소는 여러 과목의 강의를 신청했다. 그중에는 네덜란드인인 스내퍼 교수의 현대 대수학이라는 강의도 있었다. 프린스턴 대학에서 박사 학위를 받았을 뿐만 아니라 세계적으로 명성이 높은 스내퍼 교수의 강의는 믿을 수 있기에 두말없이 신청했다.

현대 대수학은 매우 어려운 과목이다. 하지만 물리학을 깊이 있게 공부하려면 현대 대수학을 알아야 한다. 그리고 화학이나 양자역학, 상대성 이론을 보다 깊이 있게 이해하기 위해서도 반드시 필요한 학문이다.

휘소도 스내퍼 교수의 강의를 신청할 때부터 현대 대수학이 매우 어렵다는 것은 알고 있었다. 하지만 실제로 들어 본 수업은 생각했던 것 이상으로 어려웠다. 말로만 수학이라고 할 뿐, 여태 배워 온 수학과는 차원이 달랐다. 게다가 숙제도 여간 많은 게 아니었고 문제도 일주일 이상 걸려야 풀 수 있는 것이 대부분이었다.

급기야 학생들은 하나 둘 현대 대수학을 포기하기 시작했다. 공식도 처음 들어 보는 데다 너무도 빠른 수업 속도에 적응하지 못하고 슬슬 싫증을 내기 시작하더니 대부분의 학생이 강의실에서 모습을 감춰 버렸다. 그들은 스내퍼 교수의 명성만 듣고 온 학생들이었다.

강의가 시작된 지 두 달이 지났다. 이윽고 넓은 강의실에는 스내퍼 교수와 휘소만 남았다. 텅 빈 강의실이 썰렁했지만 스내퍼 교수는 휘소 혼자 앉혀 놓고도 25명이 있는 것처럼 열심히 강의를 했다. 휘소도 25명 가운데 앉아 있듯이 눈을 반짝이며 스내퍼 교수의 강의를 들었다. 그런 휘소의 눈은 25명의 눈동자를 모두 합쳐 놓은 것 같았다.

수업은 끝날 때까지 긴장 속에 진행되었다. 두 사람의 얼굴이 느긋하게 풀린 건 강의가 다 끝난 뒤였다. 그제야 스내퍼 교수는 휘소를 물끄러미 바라보았다.

"이제 자네 혼자 남았는가?"

휘소도 스내퍼 교수를 바라보며 대답했다.

"예, 교수님."

"얼마 안 있으면 자네도 곧 포기하게 되겠지."

"글쎄, 그건 두고 봐야 하지 않겠습니까?"

"내 강의를 끝까지 들은 학생이 이 학교에서는 한 명도 없었기 때문에 하는 말이네."

"그럼, 다른 대학에서는 있었습니까?"

"캘리포니아 대학에서 가르칠 때 한 명 있었네. 살람이라고……."

살람은 파키스탄의 물리학자로 1979년 글래쇼, 와인버그와 함께 노벨 물리학상을 수상했는데 노벨상을 받기 전부터 이휘소와는 각별한 사이가 되었다.

"그랬군요."

"그래, 끝까지 들을 텐가?"

"교수님께서 계속 가르쳐 주시기만 한다면 저는 얼마든지 들을 수 있습니다."

스내퍼 교수는 빙긋 웃으며 휘소를 바라보았다. 그 웃음에는 끝까지 강의를 듣겠다는 제자를 대견해 하는 마음이 가득 담겨 있었다.

그 뒤부터 강의는 스내퍼 교수와 휘소의 싸움이 되었다. 스내퍼 교수의 강의는 갈수록 어려워졌고 휘소 역시 지지 않고 밤을 새워 가며 문제를 풀어냈다. 어떤 때는 일주일 내내 거의 잠을 자지 못하고 문제를 푼 적도 있었다. 몸무게가 10킬로그램이나 줄었지만 휘소는 현대 대수학을 포기하지 않았다. 밥을 먹으면서도 스내퍼 교수가 내준 문제를 생각했고, 화장실에 앉아서도 풀다 만 문제에 골몰했다. 그렇다고 다른 과목을 소홀히 하는 것도 아니었다.

휘소의 몸은 날이 갈수록 앙상해져 갔다. 밤늦게 도서관에서 하숙집으로 돌아오는 휘소의 걸음걸이가 매우 심하게 휘청거렸다. 멀리서도 위태롭게 보일 지경이었다. 휘소는 겨우겨우 하숙집 앞에 다다랐다. 그리고 하숙집 현관에 들어서려는 순간 쓰러지고 말았다.

하숙집 주인아저씨는 휘소가 쓰러지는 것을 보고 달려 나왔다. 휘소의 룸메이트도 주인아저씨가 부르는 소리를 듣고 뛰어 내려왔다.

"휘소야! 휘소야, 왜 그래?"

"휘소야, 정신 차려!"

아무리 불러도 휘소가 정신을 차리지 못하자 하숙집 주인아저씨와 룸메이트는 휘소를 대학병원 응급실로 데려갔다. 다행히 의사는 아무 이상이 없다고 말했다.

"이 환자는 지나치게 피로하며 몹시 휴식이 필요한 상태입니다."

그제야 안도의 숨을 쉰 하숙집 주인아저씨와 룸메이트는 휘소의 손에 무언가가 쥐어져 있는 것을 보았다. 주인아저씨는 휘소의 손을 펼쳐 보았다. 정신까지 잃어버리면서도 손에 꼭 쥐고 있는 것이 무엇인지 궁금했기 때문이다. 휘소의 손에서 나온 것은 뜻밖에도 풀다 만 문제가 적힌 종잇조각이었다. 휘소의 손을 펼쳐 본 주인아저씨와 룸메이트는 고개를 내저었다.

"지독하군. 내가 장담하건대 휘소는 틀림없이 마이애미 대학을 수석으로 졸업할 거야."

주인아저씨와 룸메이트는 삐쩍 마른 휘소를 보며 이렇게 입을 모았다.

병원에 간 지 얼마 지나지 않아 휘소는 정신을 차리고 일어났다. 그리고 곧장 집으로 돌아가 다시 책상 앞에 앉았다. 아직 휴식이 더 필요한 상태인지라 주인아저씨와 룸메이트가 말려 보았지만 휘소는 두 사람의 말을 못 들은 척 고집을 부렸다. 휘소가 끝내 책에서 고개를 들지 않자 주인아저씨와 룸메이트는 할 수 없이 각자의 일을 찾아 돌아서고 말았다. 하지만 휘소는 두 사람이 돌아간 것도 알지 못했다.

휘소는 한번 집중하면 저녁이 오는 것도 알지 못했고, 학교에서 미식축구를 하는 친구들이 내지르는 함성도 듣지 못했다.

그런 가운데 한 한기가 끝났다. 현대 대수학의 마지막 시간이 끝나자 스내퍼 교수는 휘소를 자신의 연구실로 불렀다. 그리고 휘소의 손을 꼭 잡았다.

"고맙네. 이 학교에서 내 강의를 끝까지 들어 준 학생은 자네가 처음이었네."

이 말 한마디에 휘소는 그동안 힘들었던 것들이 모두 씻겨 내려가는 것 같았다.

"아닙니다. 제가 오히려 교수님께 감사합니다."

"아니야. 사실은 자네를 가르치기 위해 나도 밤을 새워 공부를 했다네. 그러니까 내가 더 고맙지."

"그게 정말입니까?"

"나도 정말 놀랐네. 자네의 성적은 지금까지 모두 A 학점이더군. 자넨 아인슈타인이나 페르미, 그리고 오펜하이머 같은 사람들의 뒤를 이을 수 있는 수재야. 그러니 더욱 열심히 하게. 노력하지 않는 바보는 있어도 노력하지 않는 천재는 없으니까 말이야."

"네, 감사합니다. 교수님."

휘소와 작별 인사를 하기 전에 스내퍼 교수는 휘소가 대학원에 가서 어떤 과목들을 공부해야 할지 일러 주었다. 스내퍼 교수가 조언해 준 과목들은 이론 물리학자가 되는 데 반드시 필요한 것들이었다.

나중에 휘소는 박사 학위를 받고 난 뒤 세계에 널리 이름을 떨치는 논문을 쓰게 되는데 이때 공부한 현대 대수학이 커다란 밑거름이 되었다.

시와 소설을 읽는 물리학도

1956년 6월 25일은 마이애미 대학의 졸업식 날이었다. 이날은 휘소가 미국 땅을 밟은 지 1년 하고도 5개월째가 되는 날이었다.

이날 휘소는 아침 일찍 학교에 갔다. 학교에는 아직 아무도 오지 않았지만 졸업식 분위기가 조용히 감돌고 있었다. 초여름의 울창한 숲에서는 졸업식을 축하하듯 맑은 새소리가 들려왔다. 아름드리나무 끝에는 더없이 맑고 푸른 하늘이 드리워져 있었다. 휘소는 천천히 학교를 한 바퀴 돌아보았다. 스내퍼 교수에게 현대 대수학을 배웠던 강의실도 가 보고, 밥을 먹고 잠을 잤던 피셔 회관을 둘러보면서 졸업식에 어머니와 함께하지 오지 못하는 것을 몹시 아쉬워했다. 그러나 어머니는 멀리서도 전교 수석으로 졸업하는 휘소가 어떻게 공부했을지 잘 알고 있을 것이었다.

그러나 밤을 새워 공부한 사실을 잘 알지 못하는 영국과 프랑스인 친구들은 휘소의 전교 수석을 은근히 깔보며 비아냥거렸다.

"이 친구는 한국이라는 나라에서 왔대. 너, 한국이 어디 있는지 알아?"

그러자 질문을 받은 친구가 휘소를 멸시하는 눈으로 바라보며 대답했다.

"글쎄, 유카와 히데키의 나라 일본은 알지만 한국은 잘 모르겠는걸. 도대체 한국이 어디에 있는 나라지?"

유카와 히데키는 일본에서 처음으로 노벨 물리학상을 받은 물리학자였다. 때문에 유카와 히데키에 대한 일본인들의 자부심은 실로 대단했다. 두 외국인 친구는 한국이 얼마 전까지 일본의 식민지였다는 사실을 알고 일부러 빈정거린 게 분명했다. 두 외국인 친구의 의도를 알아차린 휘소는 빙긋이 웃으며 말했다.

"대한민국이 어디에 있는 나라인지는 곧 알게 될 거야. 대한민국이라고 유카와 히데키 같은 사람이 나오지 말란 법은 없으니까 말이야. 그러니까 그 전에 내 얼굴을 자세하게 봐 두는 게 어떻겠어?"

두 외국인은 안경을 벗은 휘소를 보고 흠칫 놀랐다. 휘소는 안경을 벗으면 사물이 또렷하게 보이지 않아 미간을 찌푸리는 버릇이 있는데, 그 모습이 너무도 사납게 보였기 때문이다.

이처럼 휘소를 질투하고 시기하는 학생은 영국과 프랑스 친구 뿐만이 아니었다. 미국 학생들도 처음에는 휘소를 동정하다가 나중에는 노골적으로 시기하는 기색을 드러내기 일쑤였다. 그때마다 휘소는 대한민국이 얼마나 허약한 나라인지 깨달았고 몹시 쓸쓸함을 느꼈다.

하지만 휘소는 이런 현실에 결코 주눅이 들거나 기죽지 않았다. 이들이 시기하면 할수록 그들보다 몇 배 더 열심히 공부했다. 결코 뛰어난 머리만 믿고 게으름이나 요령을 피우는 짓 따위는 하지 않았다.

다행히 교수들은 이런 휘소를 잘 알아주었다. 교수들은 휘소의 공부에 발 벗고 나서서 도와주었고, 대학원 진학을 놓고 고민할 때는 조언을 아끼지 않았다. 에드워즈 물리학과장과 스내퍼 교수는 휘소가 원하는 곳이라면 어디든 추천서를 써 주겠노라고 했고, 아프켄 교수는 피츠버그에서 장학금을 받을 수 있도록 힘써 보겠다고 했다.

휘소는 마이애미 대학의 졸업을 앞두고 어느 대학원으로 갈 것인지 심각하게 고민했다. 휘소가 가고 싶은 곳은 하버드 대학원이었지만 그곳은 학비가 워낙 비싸기 때문에 장학금을 받을 수 있는 곳으로 가야 했다.

그 무렵, 휘소는 어머니의 편지 때문에 마음이 몹시 무거운 상태였다. 어머니의 편지에는 영자가 건강이 좋지 않아 시골에서 요양을 하고 있다고 쓰여 있었다. 혹시 휘소가 공부에 지장을 받을까 봐 철웅이나 무언이에 대해서는 건강하게 잘 지낸다고만 써 있었다. 그러나 보지 않아도 집안 형편이 어떨지는 훤히 알 수 있었다.

어머니의 편지를 받고 난 뒤 휘소는 미국의 여러 대학원 가운데서 위스콘신 대학원과 피츠버그 대학원을 골랐다. 이 두 곳이라면 장학금을 받으면서 원하는 공부를 마음껏 할 수 있을 것 같았기 때문이다.

휘소의 부탁을 받은 에드워즈 물리학장은 추천서를 써 주면서 이렇게 말했다.

"내 생각에는 위스콘신도 훌륭하지만 피츠버그 대학원이 더 나을 것 같네."

대학원에 진학하려면 두 명 이상의 추천서가 필요했다. 그래서 휘소는 두 번째로 아프켄 교수를 찾아갔다. 아프켄 교수는 휘소가 이론 물리학 과목에서 우수한 성적을 보였기 때문에 휘소의 부탁을 선선히 들어주었다. 그뿐만 아니라 휘소가 걱정했던 학비 문제까지도 해결해 주었다.

"자네가 피츠버그에서 장학금을 받을 수 있도록 힘써 보겠네."

이렇게 추천서를 써 주긴 했지만 이때만 해도 두 교수는 휘소가 얼마만큼 대단한 재능을 가졌는지 잘 알지 못했다. 휘소야말로 아인슈타인 다음으로 세계 과학의 발전에 커다란 기여를 할 사람이라는 것을 인정한 사람은 나중에 프린스턴 고등연구소에서 만난 오펜하이머뿐이었다.

휘소는 두 교수에게 추천서를 받은 지 얼마 지나지 않아 피츠버그 대학원에서 합격 소식을 들었다. 입학 허가 통지서에는 교육 조교 장학금을 주겠다는 말도 쓰여 있었다. 등록금은 물론 생활비까지 주는 장학금이 교육 조교 장학금이었다. 교육 조교(담당 교수의 지시에 따라 수업을 보조하는 학생)의 일은 중국 식당의 아르바이트에 비하면 아무것도 아니었다. 그리고 휘소는 교육 조교의 일이 공부의 연장이라는 사실이 더 마음에 들었다.

피츠버그 대학원으로부터 입학 허가 통지를 받자마자 휘소는 당장 어머니에게 편지를 썼다. 편지를 쓰는 동안 어렸을 적 일들이 주마등처럼 눈앞을 스쳐 지나갔다. 민희식에게 빌려 읽은 책들, 어머니 병원 2층에 만들었던 실험실, 한국전쟁과 아버지의 죽음, 할머니의 죽음, 다시 서울에 병원 문을 연 어머니……. 휘소는 편지를 쓰다 말고 몇 번이나 주먹을 꼭 쥐었다.

피츠버그 대학원의 첫 학기는 8월에 시작될 예정이었다. 대학을 졸업한 뒤 처음으로 휘소에게는 얼마 동안 시간의 여유가 생겼다. 휘소는 이 여유 시간을 이용해 운전을 배웠다. 당시 유학생들 사이

에서는 돈을 아끼기 위해 선후배 사이에 서로 운전을 가르쳐 주곤
했는데, 휘소도 프리스트라는 유학생에게 운전을 배웠다.

운전을 배우고 남는 시간에는 책을 읽었다. 이때 휘소가 읽은 책
들은 물리와는 거리가 먼 시와 소설이었다. 특히 휘소는 예이츠나
키츠의 시에서 깊은 감명을 받았는데, 예이츠는 1923년에 노벨상
을 받은 아일랜드의 유명한 시인이고, 키츠는 낭만주의를 대표하
는 영국의 시인이었다. 그 밖에도 좋은 시가 있으면 노트에 적어 놓
고 밑줄을 그어 가며 읽곤 했다. 며칠 지나지 않아 휘소의 노트에는
50여 편이나 되는 시가 적혔다.

여름 방학이 거의 끝나갈 무렵, 휘소는 한 유학생의 집에 놀러 갔
다. 그리고 그곳에서 한국 신문을 읽었다. 오래된 신문에는 지난해
크리스마스에 상영되었던 〈바람과 함께 사라지다〉라는 영화 광고
가 나와 있었다. 〈바람과 함께 사라지다〉는 원래 마거릿 미첼이 미
국의 남북전쟁을 배경으로 쓴 소설인데 이를 영화로 만든 것이었
다. 그래서 휘소는 영화 광고를 보자마자 소설을 구해 읽었다.

『바람과 함께 사라지다』를 읽고 난 뒤에는 『전쟁과 평화』와 『누
구를 위하여 종은 울리나』 같은 소설도 구해서 읽었다. 휘소가 읽
은 책들은 모두 전쟁을 배경으로 쓰인 소설들이었다. 『전쟁과 평화』
는 톨스토이가 쓴 프랑스와 러시아 사이의 전쟁 이야기로 아인슈
타인도 즐겨 읽은 책이었다. 그리고 『누구를 위하여 종은 울리나』

는 헤밍웨이가 스페인 내란을 배경으로 쓴 소설이었다.

이 중에서 휘소는 『바람과 함께 사라지다』를 읽고 가장 깊은 감명을 받았다. 『바람과 함께 사라지다』의 남북전쟁은 한국전쟁과 비슷한 데가 많았기 때문에 서울을 떠나 공주와 마산으로 피난 갔던 때를 자주 떠올리게 했다. 전쟁으로 모든 것을 잃고도 다시 꿋꿋하게 일어서는 주인공 스칼렛은 어머니와 닮은 데가 많았다. 그뿐만 아니라 전쟁으로 폐허가 된 땅을 다시 세우는 것 역시 한국전쟁과 하나도 다르지 않았다.

휘소는 이 책을 읽으면서 느꼈던 점을 어머니에게 편지로 썼다. 어려움 속에서 강해지는 여성의 힘을 그린 소설은 어머니의 이야기 같고, 소설 속 사람들이 불안하면 자신도 모르게 〈켄터키 옛집〉을 부르고 있더라는 것이 주된 내용이었다. "재건(무너진 것을 다시 건설함)이야말로, 전쟁 이상으로 쓰라린 시기이다." 이 말은 『바람과 함께 사라지다』에 나오는 말로, 편지의 마지막 부분에 적어 놓았다.

그리고 휘소는 『논어』와 이퇴계가 쓴 책도 읽었다. 언뜻 보면 모든 것이 제각각인 것 같지만 사실은 그 반대였다. 『주역』과 우주 이론이 한가지나 다름없었고, 물리 또한 우주의 한 울타리 안에 있었다. 휘소는 이런 사실을 일찍 깨달았다.

미국의 여름 역시 한국과 마찬가지로 무척 더웠다. 모처럼 시간의 여유가 생긴 학생들은 너나없이 휴가를 떠나기에 바빴고, 더러는 더위에 지친 나머지 나무 그늘 아래서 느긋하게 시간을 보냈다. 하지만 휘소는 오히려 책에 집중함으로써 더위를 잊었다. 이 세상에서 책 읽는 것이 가장 큰 즐거움이라 여기며 날마다 쉬지 않고 책을 읽는 휘소는 동화『토끼와 거북이』에 나오는 거북이 같았다.

날마다 시와 소설을 읽고 어머니에게 편지를 쓰는 사이 여름 방학이 끝나 가고 있었다. 그제야 휘소는 부랴부랴 피츠버그로 이사를 했다. 펜실베이니아 주의 피츠버그는 플로리다 주의 마이애미에서 꽤 먼 거리에 있었다. 휘소는 마이애미 대학에서 날갯짓을 배웠다면 피츠버그 대학원은 이제 새로운 비상을 배울 곳이라고 생각했다.

이사를 마친 뒤 휘소는 앞으로 비상의 터전이 될 학교를 돌아보고 싶었다. 휘소는 웅장한 피츠버그 대학원 본관 건물을 마주 보고 섰다. 본관 건물은 42층 높이로 그 끝이 까마득해서 보이지 않을 정도였다. 휘소는 1층부터 42층까지 훑어본 뒤 크게 심호흡을 했다. 그리고 두 주먹을 꽉 쥐었다.

이휘소의 또 다른 이름 – 벤저민 리

피츠버그 대학원의 입학식 날은 1956년 8월 5일이었다. 이날 물리학과 입학생은 휘소를 비롯해 모두 여섯 명이었다. 그 가운데 휘소보다 어린 학생은 한 명도 없었다. 휘소는 이제 겨우 스물한 살이었다. 꽤나 어려 보이는 데다 삐쩍 마른 휘소가 하찮게 보였는지 다른 학생들은 휘소를 눈여겨보지 않았다.

입학식을 마친 뒤 휘소는 학교를 구석구석 둘러보았다. 피츠버그 대학원도 마이애미 대학 못지않게 크고 넓었으며 또 아름다웠다. 울창한 숲 사이에 서 있는 학교가 얼마나 넓은지 걸어다니기 힘들 정도였다. 엘리베이터로 오르내리는 본관 건물은 고대의 성곽을 떠올리게 하는데, 그 옆에 물리과 건물이 아담하게 서 있었다.

학교를 한 바퀴 돌고 난 뒤 휘소는 물리과 건물을 바라보며 중얼거
렸다.

'내가 여기서 공부할 수 있게 된 건 행운이야.'

그때 바로 옆에 있는 큰 도로에서 자동차 경적 소리가 시끄럽게
들렸다. 그 소리에 휘소는 문득 며칠 전 도착한 어머니의 편지를 떠
올렸다. 어머니가 보낸 편지에는 우울한 소식이 적혀 있었다. 어머
니는 휘소의 생활비와 동생들의 학비 때문에 아무래도 광릉의 과
수원을 팔아야 할 것 같다고 했다.

일찍이 아버지가 마련해 놓은 광릉의 과수원은 휘소가 그 어느
곳보다 좋아하는 곳이었다. 마이애미 대학에서도 공부를 하다 지
칠 때면 어머니와 과수원을 생각하며 견뎠을 정도였다. 휘소의 꿈
은 박사 학위를 받으면 한국으로 돌아가 대학에서 교수로 일하면
서 농사를 짓는 것이었다. 하지만 과수원을 팔아 버리면 휘소의 꿈
하나가 사라지고 말 형편이었다.

입학식을 마친 뒤 자취집으로 돌아온 휘소는 어머니에게 편지를
썼다. 오죽 형편이 안 좋으면 과수원을 팔려고 할까 싶으면서도 휘
소는 웬만하면 과수원을 팔지 말라고 썼고, 글 마지막에 돈을 좀 부
쳐 달라는 말을 덧붙였다. 예전처럼 어머니의 도움이 많이 필요하
지는 않았지만 아직은 학기 초라서 돈을 쓸 데가 많았다.

편지를 다 쓰고 나서도 휘소는 선뜻 봉투에 담지 못했다. 과수원

을 팔지 말라고 해 놓고 돈을 부쳐 달라고 했으니 어머니는 편지를 보고 한숨을 쉴 게 틀림없었다.

어머니가 다달이 휘소에게 보내오는 돈은 적지 않은 액수였다. 게다가 어머니는 혼자서 철웅이와 영자와 무언이도 가르쳐야 했다. 어머니가 얼마나 허리끈을 졸라맬지는 보지 않아도 빤했다. 휘소는 밤이 깊도록 써 놓은 편지를 그저 바라보기만 했다.

시간은 어느덧 자정을 향하고 있었다. 그때 휘소에게 이제 그만 한국으로 돌아가서 어머니를 돕고 싶다는 생각이 들었다. 그러나 그것은 어머니가 바라는 일이 아니었다. 휘소를 위한 일이라면 어떤 고생도 마다하지 않는 어머니의 모습이 눈앞을 스치자 휘소는 자신도 모르게 주먹을 불끈 쥐었다.

'그래, 여기서 그만둘 수는 없어. 나는 어렸을 때보다 알고 싶은 게 더 많아졌으니까. 그걸 알아내기 전에는 절대……'

휘소는 시계를 한번 힐끗 쳐다보았다. 자정은 잠자리에 들기 이른 시간이었다. 하지만 휘소는 책을 만지작거리고만 있었다. 편지 옆에는 고전역학, 고전전자기, 양자역학, 고체물리학 같은 책들이 쌓여 있었지만 좀처럼 펼쳐 보려 하지 않았다. 엉뚱하게도 휘소는 자신의 미국 이름을 무엇으로 지을까 생각하고 있었다. 궁금한 것들을 밝혀내기 위한 공부를 계속하자면 많은 사람들이 오래도록 부를 수 있는 영어 이름이 필요할 것 같았기 때문이다.

　10분이 넘도록 휘소는 자신이 아는 미국 이름들을 모두 떠올려 보았다. 하지만 휘소의 마음에 드는 이름은 하나도 없었다. 휘소는 잭, 로버트, 조지, 마이클 등 미국 이름을 하나하나 떠올리다 창밖을 바라보았다. 그 순간 서울대학교 공과대학에 다닐 때 읽었던 프랭클린의 자서전이 번개처럼 휘소의 머리를 스쳐 갔다. 휘소는 손바닥으로 이마를 가볍게 탁! 쳤다.

　"그래, 벤저민이야, 벤저민!"

　벤저민 프랭클린은 토머스 제퍼슨과 함께 미국의 독립선언서를 작성한 정치가이며 번개가 전기라는 사실을 처음으로 발견한 과학자다. 양초와 비누를 만드는 집안의 열다섯 번째 아들로 태어나 가난 때문에 10세 때 학교를 그만두고 형의 인쇄소에서 일을 배우기 시작해서 펜실베이니아 대학의 도서관까지 세운 벤저민 프랭클린. 벤저민 프랭클린이 번개의 실체를 밝혀낼 수 있었던 것은 남들보다 투철한 모험정신 덕분이었다.

　그때까지는 번개가 전기라는 것을 추측만 할 뿐 그것을 밝혀내려고 했던 사람은 아무도 없었다. 그런데 프랭클린은 비 오는 날 위험을 무릅쓰고 삼나무와 명주로 만든 커다란 연에 30센티미터 가량의 철사를 매단 뒤 하늘로 띄워 구름에서 전기를 이끌어 내는 실험을 성공시켰다. 그리고 이를 응용해 피뢰침도 만들었다.

　휘소가 혼자만의 노력으로 전기의 실체를 밝혀낸 벤저민 프랭클린을 존경하게 된 것은 그가 18년에 걸쳐서 완성했다는 자서전을 읽고 난 뒤부터였다. 가난에도 지지 않고 평생 동안 성실하게 자신을 갈고 닦음으로써 미국의 헌법제정위원까지 지내고 프랭클린의 난로까지 발명한 그의 삶에 휘소는 깊은 감명을 받았었다.

새벽 한 시가 넘어서 휘소는 노트에 자신의 미국 이름을 적었다.

벤저민 리(Benjamin W. Lee).

그제야 휘소는 써 놓은 편지를 봉투에 담았다. 휘소에게 프랭클린처럼 과학의 발전을 위해 중요한 일을 할 수 있다는 자신감을 불어넣어 준 이 이름은 나중에 세계인의 입을 통해 두고두고 회자되었다. 1977년 휘소가 교통사고로 사망한 뒤 미국 페르미 국립 가속기 연구소에 생긴 '벤저민 리 펠로십 제도(젊고 유망한 과학자를 초청해 이론 물리학 분야의 연구를 지원하는 제도)'도 휘소의 미국 이름을 따서 만든 것이다.

훗날 휘소는 페르미처럼 유명한 연구소에까지 이름을 올리게 되었지만 피츠버그 대학원에 다닐 때는 무척 형편이 어려웠다. 대학원에서 학비와 생활비를 받고 있었지만 옥스퍼드 시보다 큰 피츠버그에서는 밥값이 많이 들었기 때문이다.

언제나 돈이 부족해서 쩔쩔매다 못한 휘소는 9월에 버데트 카네기 공과대학 교수의 집에 하숙하러 들어갔다. 하숙비는 하루 세 시간씩 건축자재를 보관하고 차에 옮겨 싣는 일로 대신했다. 방값과 밥값을 아낀 돈으로는 책을 사 보았다. 하지만 이 일은 매우 고된 중노동이었다. 때문에 휘소는 자주 호되게 앓곤 했다. 며칠씩 앓고 나면 그렇잖아도 부족한 공부 시간은 더욱더 부족해졌다.

게다가 휘소는 공대와 의예과 학생들의 물리 실험을 가르치고 물리학과 기초 이론을 설명하는 조교 일도 해야 했다. 가르치는 일이 재미있긴 했지만 그렇다고 쉬운 일도 아니었다. 배우는 학생보다 더 많은 공부를 해야 하는 것이 조교였다.

휘소는 전공을 본격적으로 공부하게 되면서 하는 수 없이 버데트 교수의 집을 나왔다. 다시 책 한 권 마음 놓고 사 보기 어려운 상황이 반복되었다. 하지만 휘소는 힘들다는 생각조차 할 여유가 없었다. 전공 공부는 학사 과정보다 석사 과정이 훨씬 더 어려웠고 학생들 사이의 경쟁도 더욱 치열해졌기 때문이다.

휘소는 매일매일 도서관에서 책과 씨름했다. 사 보기 어려운 책은 빌려 보았고 잠자는 시간은 하루 서너 시간으로 줄였다. 때로는 밥을 먹을 때도 책에서 눈을 떼지 않았다. 휘소는 겨울이 오는지 가는지도 몰랐다.

그러는 사이 봄이 찾아왔다. 봄이 되면 기말시험을 치러야 했다. 여름 방학을 앞둔 봄 학기 기말시험에서 휘소는 전 과목 A 학점을 받았다. 휘소의 이름은 피츠버그 대학원 안에 널리 알려졌다. 하지만 휘소는 첫 기말시험에서 어머니를 기쁘게 해 드릴 만한 성적을 거두었다는 사실에 더 기뻐했다.

기쁜 일은 이뿐만이 아니었다. 휘소의 실력을 인정한 대학원 측에서 가을 학기부터 휘소에게 교육 조교에 연구 조교까지 겸하게 해 주었다. 연구 조교는 교수의 연구를 돕는 것이었는데, 휘소는 연구 조교 일도 훌륭하게 잘해 냈다. 특히 교수와 함께하는 연구에서는 조교 이상의 실력을 발휘하여 교수를 흐뭇하게 했다.

연구 조교가 되면서 휘소는 더 이상 어머니의 도움을 받지 않기로 했다. 연구 조교와 교육 조교의 일을 해서 생긴 돈만으로도 아무 걱정 없이 공부를 할 수 있었기 때문이다.

그 무렵, 양전닝과 리정다오가 노벨 물리학상 수상자로 결정되었다는 소식이 들려왔다. 이들은 모두 휘소와 같은 소립자 이론 물리학자들이었다. 이들이 K중간자의 붕괴 문제로 노벨상을 수상하게 되었다는 말에 휘소는 공부에 더욱 자신을 가졌다. K중간자의 붕괴 문제는 휘소도 공부하고 있어서 익숙한 분야였기 때문이다.

세계인의 벤저민이 되는 이휘소

박사 학위 논문을 통과하다

피츠버그 대학원에서 3학기 동안 공부하고 난 이휘소는 펜실베이니아 대학원의 박사 과정 입학시험을 치렀다. 미국의 대학원은 석사와 박사 과정이 하나로 통합되어 있기 때문에 박사 과정을 공부할 수 있는 자격 시험이나 예비 시험에 합격되면 곧바로 박사 과정 학생이 될 수 있었다.

하지만 이 시험은 여간 어려운 게 아니었다. 하루 여덟 시간씩 3일 동안 보는 것도 힘든데, 마지막 날에는 교수들 앞에서 시험 강연을 한 후 교수들의 질문에 대답하는 구두시험을 보아야 했다. 이 시험이 박사 과정 입학시험 가운데 가장 어려운 과정이었다.

휘소는 이 시험을 위해 두 달 동안 미친 듯이 공부했다. 도서관에서는 자정이 될 때까지 공부했고 하숙집에 돌아와서는 새벽까지 불을 끄지 않았다. 두 달 사이에 휘소는 지인들도 몰라볼 정도로 앙상하게 야위었다.

"아니, 왜 이렇게 야윈 거야? 도대체 공부를 얼마나 했기에 몰골이 이 모양인 거지?"

"정말 네가 이휘소 맞아? 내가 사람을 잘못 본 건 아니지?"

"보나마나 이번 시험도 휘소 네가 수석을 하겠구나."

모두의 예상대로 휘소는 박사 과정 시험에 수석으로 합격했다. 휘소의 점수는 93점이었다. 이 점수는 한 문제도 틀리지 않아야 받을 수 있는 점수였고 2등과는 20점 차이가 났다. 이처럼 높은 점수는 펜실베이니아는 물론 미국에서도 보지 못한 점수였다.

휘소가 박사 과정 시험에서 최고 점수를 받았다는 소문은 금세 미국 전역에 퍼졌다. 프린스턴 고등연구소장 오펜하이머는 휘소의 박사 과정 시험지와 논문을 모두 읽어 보고 영국의 사회인류학자인 프레이저를 휘소에게 보냈다. 오펜하이머가 직접 사람을 보냈다는 것은 실로 엄청난 일이었다.

프레이저와 휘소는 꽤 오랜 시간 동안 여러 가지 이야기를 나누었다.

"한국의 유학생이 박사 과정 시험에서 한 문제도 틀리지 않았다는 것은 세계가 깜짝 놀랄 일입니다. 어떻게 이런 성적을 거둘 수 있었습니까?"

휘소는 조금도 망설이지 않고 대답했다.

"저는 공부할 때 최선을 다했습니다. 그것만이 가난한 조국을 떠나온 제가 할 수 있는 일이었기 때문입니다. 또 저는 무엇보다 어렵고 힘든 가운데서도 저를 위해 애쓰시는 어머니를 기쁘게 해 드리고 싶었습니다."

프레이저는 다시 휘소에게 물었다.

"그렇다면 앞으로 박사 학위 논문은 무엇으로 정할 생각입니까?"

이번에도 휘소는 주저하지 않고 대답했다.

"글쎄, 아직 확실하지는 않지만 'K중간자와 핵자 현상의 이중 분산 표시식에 의한 분석'으로 할까 생각 중입니다."

이 무렵 휘소는 소립자의 세계에 깊이 빠져 있었다. 소립자는 물질을 구성하는 궁극적 단위의 물질로 인간의 눈으로는 볼 수 없는 아주 미세한 것이었다. 중간자 역시 소립자의 한 종류인데, 파이 중간자(파이온)는 이미 1935년에 일본의 유카와 히데키가 발견했다. 그래서 휘소는 K중간자(카온)로 논문의 방향을 잡은 것이다.

휘소의 대답에 프레이저는 고개를 끄떡이며 말했다.

"이 논문은 저희 연구소에서도 꼭 필요할 것 같습니다. 대학원을 졸업하고 저희 연구소로 오신다면 여러 가지로 도와드리겠습니다."

프린스턴 고등연구소의 회원인 프레이저의 제안은 곧 오펜하이머의 제안이었다. 하지만 휘소는 파격적인 제안에도 놀라지 않고 겸손하게 대답했다.

"감사합니다. 하지만 아직 저는 어떤 결정도 내리기 어렵습니다."

프레이저는 아쉬운 표정을 지었다.

"그럴 것입니다. 그러나 우리는 이휘소 군을 기다리고 있겠습니다."

펜실베이니아 대학원은 1958년 9월부터 수업이 시작되었다. 박사 과정 수업은 석사 과정과는 비교할 수 없이 어려웠다. 숙제와 토론 준비를 하자면 중요한 논문과 자료들을 모두 읽어 보아야 하기 때문이었다.

휘소의 논문 지도는 필라델피아로 이사 와서 만난 클라인 교수가 해 주었다. 휘소보다 열 살 많은 클라인 교수는 휘소의 재능을 알아보고 여러 가지 도움을 아끼지 않았다. 미국 원자력위원회의 연구도 함께 할 수 있도록 해 주었고, 논문을 쓰는 데 필요한 조언도 모두 일러 주었다.

덕분에 휘소는 아르바이트를 하지 않아도 되었고, 무엇보다 어머니의 도움이 없어도 별 어려움 없이 지낼 수 있게 되었다. 그래서 휘소는 어머니에게 이제 돈을 그만 부치라고 편지했다. 하지만 밤낮으로 휘소를 걱정하는 어머니는 아들의 편지를 받고 나서도 계속 돈을 부쳐 주었다. 어머니가 부쳐 주는 돈을 받을 때마다 휘소는 자신 때문에 동생들이 제대로 진학을 하지 못할까 봐 걱정했다.

그러나 휘소는 박사 과정 공부를 시작하는 순간 이런 걱정들을
모두 잊어버렸다. 휘소의 하루는 몸이 열 개라도 모자랄 정도로 바
빠서 자잘한 걱정을 할 새가 없었다. 아침 일찍부터 강의실에서 도
서관으로, 도서관에서 연구실로 다니다 보면 하루가 눈 깜짝할 사
이에 지나가 버렸다.

휘소는 시계를 보았다. 시간은 벌써 자정이 가까워지고 있었다.
그제야 휘소는 읽다가 만 책들을 주섬주섬 챙기기 시작했다. 철학
에 관한 책과 문학 작품이 전공 서적 위에 얹혀졌다. 그즈음 휘소가
읽는 것은 문학 작품이나 철학에 관한 책이 많았다. 이 책들은 물리
학의 핵심 문제를 풀어내는 데 필요한 창의성과 상상력을 얻기 위
해서 읽는 것들이었다.

책을 한 아름 품에 안은 휘소는 천천히 도서관을 나섰다. 그때 웬
학생이 헐레벌떡 휘소에게 달려왔다.

"혹시 이휘소 씨? 지금 클라인 교수님께서 빨리 좀 오라고 하십
니다."

심부름을 온 학생은 숨이 턱에 닿아 있었다. 클라인 교수의 심부
름이라는 말에 휘소의 눈이 휘둥그레졌다. 함께 하고 있는 연구에
무슨 문제라도 생긴 것인가 하는 생각이 들었기 때문이다.

하지만 클라인 교수는 웬 동양인 여학생과 함께 차를 마시며 휘

소를 기다리고 있었다.

"오늘부터 자네를 도와줄 마리안느네. 중국 이름은 심만청이고."

"교수님, 저는……."

"자네는 어떻게 하면 논문을 잘 쓸 것인가 그것만 생각하도록 하게. 다른 것은 걱정할 필요가 없네."

"……네, 교수님. 감사합니다."

하지만 휘소는 정말 마리안느의 도움을 받아도 되는지 알 수 없었다. 그는 아직 조교를 쓸 형편이 되지 못했고, 아무런 대가도 치르지 않고 도움을 받는다는 것도 내키지 않았다. 마리안느는 이런 휘소의 마음을 들여다보기라도 한 것처럼 상냥하게 웃으며 말했다.

"그렇게 부담스러워하실 필요 없습니다. 온 펜실베이니아가 놀라워하는 분을 돕는다는 것은 저에게도 영광이니까요."

마리안느는 의과 대학에 다니는 졸업반 학생이었다. 게다가 부전공으로는 도서관 경영학을 공부하고 있어서 휘소에게 많은 도움이 되었다. 도서관에서 자료를 찾는 일과 독일어와 프랑스어로 쓰인 책을 구해 오는 일, 그리고 중국 과학책을 영어로 번역하는 일을 모두 마리안느가 해 주었다.

이 무렵 한국에서는 이승만 대통령이 이끄는 자유당의 3·15 부정 선거에 항거하다 많은 사람이 죽거나 다치는 사건이 일어났다. 미국 신문에 마산에서 죽은 사람의 이름이 실릴 정도로 한국의 상황은 심각했다. 휘소는 신문에서 젊은이들이 경찰에 끌려가고 두들겨 맞는 기사를 읽을 때마다 나라와 가족에 대한 걱정으로 안절부절못했다. 뉴욕에서 재미 유학생들이 모여 3·15 선거가 무효라는 성명을 발표하긴 했지만 이런 성명은 계란으로 바위를 치는 일과 다르지 않았다.

휘소는 거의 매일 잠도 제대로 자지 못했고 밥도 잘 먹지 못했다. 마리안느는 이런 휘소를 보고는 일이 끝난 뒤에도 집으로 돌아가지 않았다. 마음이 몹시 불안한 가운데서도 꿋꿋하게 연구실을 지키는 휘소에게 중국 음식을 만들어 주기 위해서였다.

"이것 좀 먹어 봐요. 처음 만들어 봤는데 맛이 어떨지 모르겠어요."

"맛이 아무려면 어때요? 나를 위해 애써 만들었는데……."

말은 이렇게 했지만 휘소는 마리안느가 만든 음식을 절반도 먹지 못했다. 휘소가 젓가락을 내려놓자 마리안느도 덩달아 젓가락을 가만히 내려놓았다.

다시 한국에서는 4·19 혁명이 일어났다는 소식이 들려왔다. 『뉴욕 타임스』 등 미국 신문들은 일제히 4·19 혁명을 '피의 화요일'이라고 부르며 기사를 크게 다루었다. 휘소도 군인과 경찰들에게 끌려가거나 매를 맞는 청년들의 사진이 실린 신문의 1면 기사를 보았다. 그리고 곧장 어머니에게 전보를 치기 위해 우체국으로 달려갔다.

'급히 소식 바람. 휘소.'

어머니의 답장은 전보를 친 지 며칠 지나지 않아 도착했다. 어머니의 편지에는 가족 모두 아무 일도 없다고 쓰여 있었다. 한편으로는 학생들이 이끈 혁명이 실패하지 않을 것이라는 소식도 들려왔다.

그제야 휘소는 다시 박사 학위 논문에 집중하기 시작했다. 그리고 며칠 지나지 않아 두 편의 논문을 손에 들고 연구실 문을 나왔다. 두 편의 논문 제목은 「파이 산란에서 p-파동 공명 현상」과 「K 중간자와 핵자 산란 현상의 이중 분산 관계」였다.

휘소의 논문은 곧장 세계적으로 권위 있는 『물리비평』이라는 학술지에 게재되었다. 두 편의 논문은 『물리비평』지에 게재되는 것과 동시에 전 세계의 내로라하는 물리학자들로부터 뜨거운 관심을 받았다.

논문이 예상했던 것 이상의 관심을 불러일으키자 클라인 교수와 마리안느도 깜짝 놀랐다.

"나는 자네가 이렇게 큰일을 해낼 줄 몰랐네. 축하하네, 닥터 리."

"저도 전 세계의 물리학자들이 이렇게 놀라워할 줄 몰랐어요. 정말 축하해요."

"교수님과 마리안느가 아니었으면 어림도 없었습니다."

1961년 2월 4일, 마침내 이휘소는 세계의 물리학자들과 어깨를 나란히 할 수 있게 되었다.

이휘소를 매혹시킨 소립자의 세계

모든 물질은 1억분의 1센티미터 크기의 원자로 구성되어 있는데, 5조분의 1센티미터의 아주 작은 입자들이 모여 원자를 이루고 있다고 한다. 5조분의 1센티미터의 아주 작은 입자가 바로 소립자다. 이처럼 작은 소립자는 300여 종이나 되는데, 이 가운데서 휘소는 중간자에 깊이 빠졌다.

중간자에 대한 연구를 하면서 휘소는 어렸을 때 기억을 자주 떠올렸다.

어릴 적 휘소는 밤하늘을 보다가 인간의 몸이 별을 구성하고 있는 원소와 같다는 것을 알았다. 그리고 얼마 지나지 않아 소립자의 세계와 우주가 비슷하다는 것도 알게 되었다. 우주의 수많은 별 가운데 하나인 지구, 지구에 사는 인간, 인간의 몸을 구성하고 있는 원소. 이것은 또한 바위보다 작은 돌멩이, 돌멩이보다 작은 자갈돌, 원소는 자갈보다 더 작은 모래에 비유할 수 있었다. 여기에 생각이 미친 휘소는 중간자를 연구하면서 파이온 같은 소립자가 생각보다 훨씬 많을 수 있겠다는 생각을 하게 되었다.

아이들의 동요 가운데 이런 노래가 있다.

바윗돌 깨뜨려 돌멩이

돌멩이 깨뜨려 조약돌

조약돌 깨뜨려 자갈돌

자갈돌 깨뜨려 모래알

랄라 랄라라 랄라라……

물리학에서는 이렇게 모래처럼 작은 알갱이를 입자에 비유하는데 이 입자를 분자라고 한다. 이는 어떤 물질의 고유 성분을 가지고 있는 상태를 말한다. 예로 들면 물 분자와 산소 분자가 그것인데, 세상의 모든 화합물은 분자로 구성되어 있다.

이 분자를 더 나누면 원자가 된다. 물질을 계속 나누다 보면 더 이상 나눌 수 없는 상태가 된다는 이야기를 처음으로 한 사람은 영국의 돌턴이라는 사람이었다.

하지만 이 원자도 전자와 핵으로 나누어진다는 것이 1907년에 발견되었는데 이를 발견한 사람은 영국의 러더퍼드라는 과학자였다. 러더퍼드가 발견한 핵은 1마이크로미터(1,000분의 1밀리미터)로 그전까지 누구도 상상해 보지 못한 크기였다. 핵이 발견되자 사람들은 이보다 더 작은 입자는 없을 것이라고 생각했다. 그러나 1963년 미국의 겔만에 의해 쿼크(물질을 구성하는 가장 기본적인 입자)가 발견되었다.

정리하자면, 원자핵은 양성자와 중성자의 핵자들로 구성되어 있다. 그리고 양성자와 중성자는 쿼크라는 입자로 이루어져 있고, 쿼크는 또 맛깔과 빛깔이라는 양자 상태로 구분할 수 있다. 쿼크는 물질을 이루는 가장 기본적인 알갱이로 렙톤과 게이지가 있다.

이상이 현재까지 인류가 밝혀낸 가장 작은 입자로 보통 소립자라고 부른다.

그래서 입자 물리학에서는 앞에서 말한 아이들의 동요를 이렇게 바꿔 부른다.

모래알 깨뜨려 분자들

분자들 깨뜨려 원자들

원자를 깨뜨려 원자핵

원자핵 깨뜨려 양성자

양성자 깨뜨려 쿼크 알

랄라 랄라라 랄라라…….

쿼크는 물질의 바탕이 되는 근본 입자이다. 분자도 눈으로 확인하기 어려운데 그렇다면 쿼크는 얼마나 작은 것일까? 분자에서 나누고 또 나누기를 거듭해서 얻은 쿼크는 1밀리미터의 100만분의 1보다 작은 크기로 가장 먼저 발견된 소립자는 전자라고 한다.

이렇게 작은 소립자를 연구할 때마다 휘소는 우주의 끝을 탐험하는 것 같다는 생각이 들었다. 소립자의 세계를 하나씩 밝혀내는 일은 매우 흥미로웠다. 휘소는 이런 확신 덕분에 K중간자에 대한 논문을 쓸 수 있었다. 여기에 끈기와 창의성, 그리고 상상력도 한몫했다.

하지만 이것은 아직 시작에 불과했다. 소립자에 관한 연구는 이제 걸음마를 하는 단계여서 앞으로도 갈 길이 멀었다. 이는 물리학자라면 누구나 다 하는 생각이었다. 그래서 휘소는 카온에 대한 논문을 발표한 뒤로도 쿼크에 대해 더 깊게 연구를 계속했다.

쿼크들이 모이면 강입자가 되고, 세 개가 모이면 중입자, 두 개가 결합하면 중간자가 된다. 그런데 파이 중간자는 u, d 쿼크 중에서 이들의 쿼크-반대 쿼크가 결합한 것이며, K중간자는 u, d 쿼크 중 한 개와 s 쿼크가 쿼크-반대 쿼크로 결합한 것을 말한다. 한편 c 쿼크가 포함한 강입자를 참 입자라고 하는데 훗날 휘소는 참 입자의 탐색으로 세계에 널리 이름을 날리게 된다.

그러나 박사 학위 논문을 발표할 때는 누구도 휘소가 참 입자까지 발견해 내리라고 예상하지 못했다.

박사 학위 논문이 통과되면서 휘소는 학생에서 교수로 신분이 바뀌었다. 펜실베이니아 대학에서 박사 후 연구원이자 전임 강사로 임명했기 때문이다. 하지만 휘소는 여전히 배울 것도 많고 공부할 것도 많았다. 휘소에게는 배움의 세계가 소립자의 세계와 같아서 하나씩 모르는 것을 알아 가는 과정이 마치 소립자의 세계를 여행하는 것처럼 느껴졌다.

이 무렵 한국에서는 5·16 군사 혁명이 일어났다는 소식이 들려왔다. 이 소식을 들은 이휘소는 고국으로 돌아가 학생들을 가르치며 과수원을 일구겠다는 꿈을 접어 버렸다.

숲 속의 강제 수용소 – 프린스턴 고등연구소

이휘소가 미국에 와서 여섯 번째 맞이하는 가을이었다. 단풍이 하나 둘 물들기 시작하는 초가을의 어느 날, 이휘소는 프린스턴 고등연구소 앞에 도착했다. 프린스턴 고등연구소는 여전히 조용했고 드나드는 사람이 한 사람도 보이지 않았다.

가을을 맞은 아인슈타인 길은 아름다웠다. 아름드리나무에서 청아한 새소리가 들리고 나무 끝에 걸린 하늘은 더없이 맑고 푸르렀다. 이휘소는 나무들 사이로 초가을 햇빛이 따사롭게 떨어지는 아인슈타인 길을 걸으며 가슴이 벅차오르는 것을 느꼈다.

프린스턴 고등연구소는 아인슈타인뿐만 아니라 페르미와 라비와 같은 물리학자가 머물기도 했고, 1957년 노벨 물리학상을 받은 양전닝과 리정다오가 있는 곳이었다. 5년 전 아인슈타인의 장례식에 왔을 때만 해도 이휘소는 자신이 프린스턴 연구소의 연구회원이 되어 입소하게 될 줄은 꿈에도 생각하지 못했다.

아인슈타인 길을 걷던 이휘소는 문득 클라인 교수를 떠올렸다. 클라인 교수는 캘리포니아 대학 '라호야' 이공학부의 연구원이 될 뻔했던 이휘소를 프린스턴 연구소로 갈 수 있도록 여러모로 애써주었다. 이휘소는 그런 클라인 교수가 아버지 같다고 생각했다.

이휘소가 지내게 될 아파트는 아인슈타인 길 31번지에 있었다. 울창한 숲 속에 서 있는 아파트는 다른 건물들처럼 아름다웠다. 물론 붉은 벽돌로 지어진 풀드 홀(프린스턴 고등연구소의 본관)처럼 우아하지는 않았지만 아파트 나름의 멋이 느껴지는 건물이었다.

아인슈타인 길 31번지에는 젊은 직원 몇 명이 이휘소를 기다리고 있었다.

"어서 오십시오, 닥터 리."

인사를 마친 직원들은 곧장 이휘소의 짐을 나르기 시작했다. 키가 크고 건장한 직원들은 순식간에 얼마 안 되는 짐들을 모두 옮겨 놓았다. 35평(116제곱미터)의 아파트는 혼자 살기에는 꽤 넓었다. 아파트에 책상과 옷장, 그리고 컴퓨터와 냉장고 등 웬만한 가구들이 모두 갖춰져 있었기 때문에 가지고 온 짐이 적다는 느낌이 들지 않았다.

짐 정리를 마친 이휘소는 창밖을 내다보았다. 은행나무들이 노랗게 물들고 있었고 융단처럼 포근해 보이는 잔디밭에는 따뜻한 햇볕이 가득 펼쳐져 있었다. 커다란 나무들이 곳곳에 무리 지어 서 있는 프린스턴 고등연구소는 마치 조용한 숲 속의 궁전 같았다.

'이렇게 아름다운 곳을 강제 수용소라고 하다니…….'

맨 처음 프린스턴 고등연구소를 학자들의 강제 수용소라고 말한 사람은 토인비였다. 1940년대 말 이 연구소의 회원이었던 그는 또 프린스턴 연구소를 가리켜 뿌리 없는 학문을 하는 곳이라고도 했다.

그만큼 프린스턴 연구소는 일반 사람들이 찾아오는 일이 거의 없고, 프린스턴 시민들도 프린스턴 연구소가 어디 있는지 모르는 사람이 많았다. 한번 입소하면 그야말로 그 순간부터 세상과 결별하는 곳이 프린스턴 연구소였다. 하지만 이휘소는 이곳이야말로 연구를 하기에 더없이 좋은 곳이라고 생각했다.

프린스턴 고등연구소는 회원에게 어떤 연구를 어떻게 하라고 지시하는 곳이 아니었다. 모든 연구는 회원의 자유였다. 연구 성과가 없어도 월급을 주고 연구소를 떠날 때면 곧바로 퇴직금까지 주는 곳이었다. 뿐만 아니라 연구에 필요한 책과 컴퓨터는 물론 각종 실험 기구들이 완벽하게 갖춰져 있었다.

이휘소가 한참 동안 창밖의 풍경에 정신을 빼앗기고 있는데 등 뒤에서 문을 두드리는 소리가 났다. 오후 세 시경 이휘소 아파트의 문을 노크한 사람은 프린스턴 고등연구소장 오펜하이머였다.

비서도 없이 혼자서 이휘소를 찾아온 오펜하이머의 품 안에는 예쁜 화분이 한 개 안겨 있었다. 오펜하이머는 이휘소가 문을 열어 주자 재빨리 품에 안고 있던 화분을 건넸다.

"잘 오셨습니다, 닥터 리. 이제부터 닥터 리는 이 프린스턴의 영광이 될 것입니다. 아인슈타인과 페르미가 다하지 못한 일을 닥터 리가 해 주리라고 나는 믿고 있습니다."

이휘소는 오펜하이머의 말에 정중하게 대답했다.

"과찬의 말씀이십니다."

오펜하이머는 고개를 저었다.

"아닙니다. 나는 닥터 리의 논문을 읽고 깜짝 놀랐습니다. 닥터 리라면 충분히 아인슈타인과 페르미의 뒤를 이을 수 있을 것이라 확신합니다."

다시 이휘소가 대답했다

"제 논문을 잘 봐주셨다니 감사할 따름입니다. 앞으로 열심히 하겠습니다."

오펜하이머는 이휘소를 잠시 동안 말없이 바라보았다.

"닥터 리는 반드시 물리학을 갈고 닦는 학자의 길만 가시기 바랍니다."

이 말에 이휘소는 힘을 주며 대답했다.

"예, 꼭 그렇게 하겠습니다."

흔히들 오펜하이머를 가리켜 원자폭탄의 아버지라고 부른다. 그러나 23세에 독일의 괴팅겐 대학에서 원자와 분자, 그리고 양자역학으로 박사 학위를 받을 당시만 해도 오펜하이머가 세계에서 처음으로 원자폭탄을 만들게 될 줄은 아무도 몰랐다.

미국에서 가장 어린 나이로 박사 학위를 받은 오펜하이머가 원자폭탄을 만들게 된 것은 아인슈타인과 페르미 때문이었다. 그보다는 제2차 세계 대전 때문에 원자폭탄을 만들게 되었다고 하는 편이 더 정확했다.

아인슈타인은 미국으로 망명한 지 6년 만에 처음으로 페르미를 만났다. 페르미도 1938년 노벨상 수상식을 기회 삼아 미국으로 망명했다. 두 사람의 만남은 페르미가 아인슈타인을 찾으면서 이루어졌다. 페르미는 아인슈타인을 처음 만난 자리에서 이런 말을 했다.

"독일에는 하이젠베르크가 있고 일본에는 유카와 히데키가 있습니다. 이들은 우라늄과 플루토늄을 이용해서 가공할 만한 무기를 만들고도 남을 만한 실력을 갖고 있습니다. 그렇게 되면 인류는 헤어날 수 없는 위험에 빠지게 될 것입니다."

이에 아인슈타인은 짧게 대답했다.

"알겠소."

물리학이야말로 잘 쓰면 약이지만 잘못 쓰면 치명적인 재앙을 부르는 학문이라 할 수 있다. 그 위험성을 간과하고 오직 연구에만 몰두했던 아인슈타인은 페르미가 돌아가자마자 루스벨트 대통령에게 편지를 썼다.

아인슈타인의 편지를 받은 루스벨트 대통령은 수많은 과학자들 가운데서 오펜하이머를 지목했다. 이것이 캘리포니아 대학의 교수였던 오펜하이머가 원자폭탄을 만들게 된 계기였다.

오펜하이머는 자신이 개발한 원자폭탄으로 수많은 사람을 살상하는 것을 보고 오랫동안 악몽에 시달렸다고 한다. 그뿐만 아니라 이후에 수소폭탄을 개발하라는 부탁을 거절하자 간첩으로 몰리기도 했다. 오펜하이머가 이휘소에게 오로지 물리학을 연구하는 학자로 남기를 부탁한 것은 이런 이유에서였다.

이휘소는 오펜하이머의 부탁이 아니더라도 학자의 길만 갈 생각이었다. 화학공학과에서 물리학과로 전공을 바꾼 것도 학자의 길을 가기 위해서였다. 처음부터 이휘소는 물리학 이외에는 어떤 것에도 관심이 없었다. 아침이면 일찍 연구실에 나가서 밤늦게까지 연구하는 일이 그에게는 가장 즐거운 일이었다. 이휘소는 연구원들 가운데서 가장 먼저 출근하고 가장 늦게 퇴근했다. '내'가 하고 있는 연구를 '다른 사람'이 할 수도 있고, 그 결과를 '다른 사람'이 먼저 발표하면 그동안의 노력이 헛수고로 돌아가기 때문에 되도록 연구실을 떠나지 않으려 했다.

이 무렵 이휘소는 '양-밀스 게이지 이론'에 점점 깊이 빠져들고 있었다. 역사적으로, 전자기학 이후로 두 번째인 이 게이지 이론은, 양전닝과 로버트 밀스에 의해 도입된 것인데 한 가지 중요한 결함 때문에 오랫동안 사람들의 관심에서 멀어져 있는 상태였다.

이휘소는 양-밀스 이론을 연구하면 할수록 어렵기만 했다. 풀기 어려운 문제가 생길 때면 당장 바로 위층에 있는 양전닝을 찾아가 물어보고 싶었다. 그러나 이휘소는 한 번도 양전닝에게 토론을 신청하지 못했다. 노벨상을 받은 뒤 세계적으로 유명해진 양전닝은 프린스턴 연구원의 풋내기인 이휘소에게는 말 한마디 건네기도 어려운 대상이었기 때문이다.

오펜하이머는 이휘소의 이런 어려움을 알고 자주 두 사람을 불러 내어 함께 식사를 했다. 시간이 지나면서 이휘소와 양전닝은 점점 가까워졌고, 스토니브룩에서는 이휘소가 양전닝에게 영감을 받을 정도로 친해졌다.

그 무렵 이휘소는 국제 고에너지 물리학회에 참석할 미국 대표단에 선정되었다. 1962년 6월 국제 고에너지 물리학회는 이탈리아의 트리에스테에서 개최될 예정이었다.

이휘소는 미국 대표단에 선정되기 한 달 전에 마리안느와 결혼했다. 이휘소가 미국 대표단에 선정되자 누구보다 기뻐한 사람은 아내 마리안느였다.

"축하해요! 당신은 아직 한국 사람인데 쟁쟁한 학자들과 함께 미국 대표단에 선정되다니 정말 꿈만 같아요."

"나는 당신과 함께 이탈리아에 갈 수 없는 것이 몹시 안타깝소."

임시 여권밖에 없어서 미국이 아닌 다른 나라는 갈 수 없는 마리안느는 웃으며 고개를 저었다.

"그렇다고 이런 영예를 거절할 수는 없는 일이잖아요? 영주권이 나오면 얼마든지 함께 여행할 수 있으니까 걱정하지 말고 다녀오세요."

어머니는 아들 이휘소의 기사가 실린 한국 신문을 오려서 편지와 함께 부쳐 주었다. 이휘소가 미국에 온 지 7년 만에 처음으로 그의 기사가 실린 한국 신문이었다. 이휘소는 그 기사를 보고 어머니가 얼마나 기뻐하는지 알게 되었다.

국제 고에너지 물리학회는 7월 15일부터 약 6주 동안 열렸다. 6주 동안 열리는 학회에서 이휘소는 자신이 발표했던 논문 가운데 하나를 명쾌하게 강의해서 많은 학자로부터 박수를 받았다. 강의가 끝난 뒤 벌어진 토론에서도 마찬가지였다. 학회가 진행되는 동안 이휘소의 주위에는 점점 많은 사람이 모여들었다.

어느새 무더위 속에 열린 학회도 막을 내리게 되었다. 6주 동안 열린 학회가 모두 끝나자 이제 이휘소의 이름, 벤저민 리는 물리학을 공부하는 사람이라면 반드시 알고 있어야 할 이름이 되었다.

가슴에 다시 새롭게 새긴 좌우명

마침내 기다리던 영주권이 나왔다. 이탈리아의 트리에스테에서 돌아온 그해 가을, 이휘소는 미국 시민이 되었다. 하지만 분명하게 말해서 이휘소는 미국 국민이기도 했고 한국 국민이기도 했다.

국제 고에너지 물리학회에서 돌아온 이휘소에게 달라진 것은 이 뿐이 아니었다. 물리학을 대하는 마음가짐도 예전과 비교해서 눈에 띄게 달라졌다.

'남이 아는 것은 나도 알아야 한다. 내가 모르는 것은 남도 몰라야 한다.'

이것은 이휘소가 대학원에 다닐 때부터 간직해 온 좌우명이었다. 이휘소는 물리학회에 다녀온 뒤 이 좌우명을 다시 한 번 가슴에 깊이 새겼다.

학회에는 이휘소 말고도 뛰어난 머리를 가진 학자들이 많았다. 이휘소는 세계의 석학들과 토론을 하는 가운데 아직도 자신의 연구가 많이 부족하다는 것을 절실하게 느꼈다. 아울러 앞으로 개척해야 할 분야가 많다는 것도 깨달았다.

날이 갈수록 이휘소는 연구실에 틀어박혀 있는 시간이 점점 길어졌다. 오펜하이머도 연구에 시간을 좀 더 할애할 것을 요구했기 때문에 이휘소는 좀처럼 연구실 밖으로 나오지 않으려 했다. 동료 학자들과 식사를 할 때도 물리학 이야기가 아니면 아무 말도 하지 않았고, 식사가 끝나면 곧바로 연구실로 돌아가 버리기 일쑤였다.

프린스턴 고등연구소의 연구회원을 마친 이휘소는 다시 펜실베이니아 대학의 부교수로 돌아왔다. 펜실베이니아 대학으로 돌아와서도 이휘소는 주로 매 순간 연구 분야에 대한 관심을 놓지 않았다.

이휘소는 주로 동료 학자들과 대학 식당에서 점심식사를 했다. 식당에는 벌써 교수들이 삼삼오오 모여 앉아 점심을 먹고 있었다. 그들이 밥을 먹으며 나누는 이야기 소리가 나직하게 들렸다. 그들은 각자 관심을 가지고 있거나 연구하고 있는 분야에 대해서 이야기를 나누고 있었다.

이휘소도 동료 학자들과 점심을 먹으며 물리학에 대해 이야기를 나누고 있었다. 그러다 어느 순간 이휘소는 갑자기 하던 이야기를 멈추었다. 동시에 포크와 나이프가 접시에 놓였다.

"나는 자리에서 먼저 일어나야 할 것 같습니다. 모두들 천천히 점심을 들고 오십시오."

학자들은 밥을 먹다 말고 하나같이 부러운 표정으로 이휘소를 바라보았다.

"이렇게 이야기를 나누다가도 영감을 얻다니, 닥터 리는 정말 대단하군요. 그나저나 이번에는 며칠이나 지나야 닥터 리를 볼 수 있겠습니까?"

그러나 이휘소는 말없이 웃으며 연구실로 향했다. 그리고 연구실 문은 좀처럼 열리지 않았다. 이휘소가 다시 모습을 보인 것은 연구실에 들어간 지 이틀 만이었다.

눈이 반짝이는 이휘소의 손에는 논문이 한 편 들려 있었다. 동료 학자들은 이휘소의 손에 들린 논문을 보고 모두 깜짝 놀랐다.

"닥터 리는 사람이라고 할 수가 없군. 이틀 만에 논문 한 편을 써내다니 정말 놀라워."

"잘은 모르겠지만, 닥터 리의 팬티는 썩어 있을 거야."

"지금도 팬티가 썩고 있는지도 모르지."

동료 학자들의 말에 이휘소는 쑥스러운 듯 머리를 긁적였다.

"내 팬티는 아직 멀쩡한데……. 그래, 아직……."

호쾌한 웃음소리가 건물에 울려 퍼졌다.

보통 복잡한 연구는 짧으면 일주일, 길게는 한 달 가량이 걸릴 정도로 어려웠다. 때문에 한번 흐름을 놓치면 처음에 얻었던 영감이나 좋은 생각을 종종 잊어버리기 십상이다. 이휘소가 생각에 빠지면 연구실에서 좀처럼 나오지 않는 이유도 바로 이 때문이었다.

하지만 어머니에게는 이런 이휘소의 모습이 몹시 낯설었다. 그 무렵 어머니는 남은 여생을 휘소와 보내기 위해 한국의 생활을 정리하고 미국에 와 있었다.

그런데 이휘소는 예전의 아들이 아니었다. 어머니와 마주 앉아서도 혼자 생각에 빠져 있는 일이 잦았고, 어머니가 부르는 소리에 대답조차 하지 못할 때가 많았다. 그런가 하면 골똘하게 생각에 잠겨 있다 갑자기 노트에 뭔가 휘갈겨 쓸 때도 있었다. 그런 아들을 보다 못한 어머니는 결국 다시 짐을 싸고 말았다.

"나 다시 한국으로 갈란다. 이거야 원, 내가 아들하고 있는 건지 다른 세상 사람하고 있는 건지. 공부 때문에 그러는 건 알겠는데 며느리도 손자들도 말이 통하지도 않고……, 이거 외로워서 어디 살겠니?"

하지만 이휘소는 어머니가 한국으로 돌아가겠다고 불만을 토로하는데도 혼자만의 깊은 생각에 빠져 있을 뿐이었다. 이때는 이휘소가 「SU(6) 대칭과 소립자의 전자기 작용」이라는 논문을 쓴 지 얼마 지나지 않은 때였다. 때문에 이휘소에게는 소립자와 관련된 연구 과제가 수없이 쌓여 있었다.

그뿐만 아니라 스토니브룩으로 가는 문제도 이휘소의 머리를 복잡하게 하고 있었다. 양전닝이 스토니브룩으로 옮겨 가면서 이휘소에게 함께 가자고 제안했기 때문이다.

스토니브룩으로 간 이휘소

이휘소가 양전닝으로부터 스토니브룩에 함께 가자는 말을 들은 것은 1965년 가을이었다. 그때 양전닝은 프린스턴 고등연구소를 떠나 뉴욕 주립대학의 석좌 교수로 옮기려고 하고 있었다.

또 그 무렵에는 오펜하이머가 송별식도 없이 프린스턴 고등연구소를 떠나기도 했다. 연구소를 떠날 때 오펜하이머는 기력이 약해진 데다 정서 불안까지 겹쳐 있었는데 자신의 후임 연구소장으로 양전닝을 지명하려고 했었다. 그러나 양전닝은 연구소장직을 사양하고 이휘소와 함께 스토니브룩으로 가겠다고 마음먹었다.

하지만 이휘소는 스토니브룩으로 함께 가자는 양전닝의 제안을 쉽사리 따를 수 없었다. 양전닝의 한마디에 펜실베이니아 대학을 떠나기에는 그동안 입은 은혜가 너무도 컸다. 프린스턴 고등연구소도 펜실베이니아 대학에서 교수의 출장 형식으로 가 있도록 해주었기 때문에 마음 놓고 연구에 전념할 수 있었다. 또 대학 측에서도 이휘소가 스토니브룩으로 가자는 제안을 받았다는 소식을 듣고 정교수로 승진시켜 주겠다며 설득했다.

이휘소가 망설인 것은 스토니브룩이 유명하지 않기 때문이 아니었다. 이휘소에게 중요한 것은 얼마나 연구를 잘할 수 있는 곳인가 하는 것뿐이었다.

클라인 교수도 이휘소의 이런 마음을 잘 헤아리고 있었다.

"자네의 마음이 끌리는 대로 하게. 그게 가장 현명한 선택일 걸세. 자네도 이제 펜실베이니아를 벗어나서 보다 폭 넓은 연구를 할 때가 되지 않았나?"

그때 스토니브룩에서 젊은 학자들이 보다 새로운 연구를 할 수 있도록 이론 물리학 센터를 짓고 아낌없이 뒷받침을 해 주겠다는 제안을 해왔다. 그제야 이휘소는 양전닝의 권유를 받아들이기로 결정했다.

"열심히 연구할 수 있는 분위기를 만들어 주신다면 기꺼이 가도록 하겠습니다."

스토니브룩은 맨해튼에서 가까운 롱아일랜드라는 섬에 있다. 이곳에 양전닝과 이휘소가 오고 이론 물리학 연구 센터가 세워지자 그때까지 이름 없던 스토니브룩은 단번에 유명한 대학으로 떠올랐다. 여러 학자들이 스토니브룩을 방문하고 수많은 유학생이 앞 다투어 스토니브룩으로 오려고 했다.

이휘소는 스토니브룩에 와서 박사 학위 과정 학생들을 지도하는 한편 계속 게이지 이론을 연구했다. 그리고 대칭의 자연 파괴 현상에 대해서도 깊은 관심을 가졌다.

이때 이휘소에게 진영선 박사가 사망했다는 소식이 들려왔다. 진영선 박사는 프린스턴 고등연구소에서 만나 친해진 물리학자인데 갑자기 동맥 파열증으로 세상을 떠났다고 했다.

그 뒤를 이어 오펜하이머도 세상을 떠났다는 소식이 들렸다. 정서 불안으로 프린스턴 연구소를 떠났던 오펜하이머는 끝내 미치광이가 되어 거리에서 얼어 죽었다고 했다. 이휘소는 오펜하이머의 죽음에 깊은 애도를 표했다.

존경하는 오펜하이머가 세상을 떠났다는 소식은 큰 슬픔을 주었지만 이휘소는 연구실을 떠나지 않고 더욱더 연구에 몰두했다.

얼마 뒤 이휘소는 '카이랄 동력학의 재규격화 이론'을 발표했다. 또 지중해의 카쥐스에서는 겔만-레비 모형 이론을 강의해서 네덜란드인인 토프트가 박사 학위 논문을 쓰는 데 도움도 주었다.

하지만 토프트의 논문은 너무 어려웠다. 그래서 이휘소는 토프트의 박사 학위 논문을 다시 알기 쉽게 정리해서 발표했다. 이휘소

는 또 양-밀스 게이지 이론의 양자 현상 계산 방법에 관한 논문을
썼다. 이 논문은 에이버스라는 젊은 연구원과 함께 쓴 것인데 발표
되자마자 많은 물리학자가 이 이론을 인용하였다.

이제 이휘소는 어느 한 나라의 물리학자가 아니라 세계인의 물
리학자가 되었다. 이렇게 물리학을 공부하는 사람이라면 모르는
이가 없을 정도로 유명해졌지만 이휘소는 언제나 정직함을 잃지 않
았다. 어떤 연구든지 최선을 다하고 자신이 보탠 업적만큼 공정한
평가를 받으려고 했던 물리학자가 이휘소였다.

빛의 세계에 가까이 다가서다 – 페르미 연구소

아는 사람은 이휘소를 가리켜 노벨상 수상자를 만드는 사람이라고 한다. 이휘소의 도움으로 노벨상을 받은 사람이 그 정도로 많기 때문이다.

'경입자 모형'을 발표한 와인버그는 이휘소의 연구로 재규격화가 증명되어 노벨상을 받게 되었고, 똑같은 연구를 한 파키스탄의 물리학자 살람 역시 이휘소의 인정으로 노벨 물리학상을 수상하게 되었다. 이뿐만 아니라 훗날 토프트와 벨트만도 이휘소의 도움이 있었기에 노벨상을 수상할 수 있었고, 리히터와 팅 등도 마찬가지였다.

이렇게 많은 학자에게 도움을 준 이휘소는 1973년 9월 페르미 연구소(페르미 국립 가속기 연구소)로 가게 되었다. 페르미 연구소는 이휘소가 꼭 한 번 가 보고 싶어 한 곳이었다. 그런데 페르미 연구소로 가게 되자 귀국의 꿈을 접지 않으면 안 되었다.

이휘소가 한국에 다녀오고 싶다는 생각을 한 것은 1971년 교환교수로 캘리포니아 공대를 방문하면서부터였다. 캘리포니아 공대는 또 다른 말로 칼텍이라고도 한다. 이휘소가 겔만 교수의 초청을 받고 달려간 칼텍은 파사데나라는 작은 도시에 있는데, 파사데나에서 로스앤젤레스까지는 30분밖에 걸리지 않았다.

로스앤젤레스에는 한국 사람도 많고 일본인도 많았다. 한국 음식점도 여러 군데 있었으며 날씨 또한 한국과 비슷했다. 그래서 이휘소는 한국 음식이 생각날 때마다 가족들을 데리고 로스앤젤레스로 갔다.

이휘소는 미국에 와서 한국 음식을 먹어 본 적이 거의 없었다. 마이애미와 프린스턴과 시카고 등지에서는 한국 음식을 찾기도 어려웠다. 한국 음식을 구경도 하지 못하는 동안 이휘소의 입맛은 자연스럽게 빵과 우유에 길들어져 버렸다.

하지만 오랜만에 먹어 보는 불고기와 냉면은 빵과 스테이크보다 훨씬 더 맛있었다. 이휘소는 불고기를 먹으며 두 자녀 천과 안에게 한국 음식 이야기를 해 주었다.

"한국에는 맛있는 음식들이 많지만 사람들이 가장 좋아하는 것은 불고기와 냉면이란다. 제프리, 어떠니? 맛있지?"

불고기의 맛에 흠뻑 빠진 마리안느와 천이 약속이나 한 듯 함께 고개를 끄떡였다. 제프리는 천의 미국식 이름이었다.

"네, 한국 음식이 이렇게 맛있는 줄 몰랐어요."

천의 대답에 이휘소는 환하게 웃었다.

"그럼, 여기 자주 오도록 하자. 아이린, 너도 좋지?"

아이린은 안의 미국식 이름인데, 아이린도 고개를 끄떡이며 좋아했다.

불고기를 먹고 난 다음에는 냉면이 나왔다. 이휘소는 냉면을 먹으며 천과 안에게 어렸을 적 이야기를 들려주었다. 자애의원과 2층 실험실, 경기중학교와 서울대학교 이야기도 해 주었고, 천과 안의 할머니가 해 주던 음식이 얼마나 맛있었는지도 이야기해 주었다.

마리안느는 그런 이휘소를 물끄러미 바라보았다. 박정희 대통령이 10월 유신을 선포하는 등 한국의 정세에 회의를 느껴 고국에 돌아가지 않겠다고 했지만 사실은 이휘소가 얼마나 한국을 그리워하는지 마리안느는 잘 알고 있었다. 마리안느는 냉면을 먹으며 이휘소에게 말했다.

"당신 이야기를 듣다 보니까 한국은 굉장히 아름다운 나라일 것 같다는 생각이 들어요. 천과 안을 데리고 한번 다녀오면 어떨까요?"

마리안느의 말에 이휘소는 기뻐서 어쩔 줄 몰랐다.

"그래도 되겠소? 그럼, 교환 교수 기간이 끝나는 대로 한국에 다녀오도록 합시다. 당장 어머니께 편지를 쓰도록 하겠소."

이휘소는 집으로 돌아오자마자 어머니에게 한국을 다녀오고 싶다는 편지를 썼다. 그리고 15년 만에 찾아볼 고국 생각에 밤늦도록 잠을 이루지 못했다.

하지만 교환 교수가 끝나고도 이휘소는 한국에 가지 못했다. 교환 교수 기간이 끝나자마자 뜻하지 않게 페르미 연구소로 가야 했기 때문이다.

페르미 연구소는 페르미랩이라고도 한다. 처음에는 국립 가속기 연구소라고 불렸으나 핵 연쇄 반응을 처음으로 성공시킨 페르미를 기리기 위해 1974년부터 페르미 국립 가속기 연구소로 공식 명칭이 바뀌었고 이를 줄여서 페르미 연구소, 또는 페르미랩으로 부른다.

미국 에너지국의 전신인 AEC가 세운 페르미 연구소에서 하는 일은 그야말로 연구가 전부다. 좀 더 정확하게 말하면, 이곳에서 주로 하는 일은 영하 268℃의 상태에서 초전도체 자석을 이용해 양성자 같은 소립자를 엄청나게 높은 에너지로 가속시키는 일련의 연구였다.

이렇게 소립자를 연구할 때 가속기 속도는 거의 빛의 속도에 육박한다. 빛의 속도만큼 빠르지 않으면 쿼크나 중성자 같은 소립자를 발견할 수 없고 높은 에너지를 얻을 수 없기 때문이다. 바로 이런 이유로 가속기는 로렌스가 사이클로트론을 발명한 이래 점점 규모가 커졌다. 그리하여 마침내는 국가적으로 큰 규모의 가속기가 필요하게 되었고 페르미 연구소는 이런 목적으로 세워졌다.

이휘소가 이처럼 거대한 페르미 연구소에 매혹을 느낀 것은 고에너지 실험을 할 수 있다는 것 때문이었다.

당시 이휘소와 함께 일하고 싶다는 제의를 한 곳은 한두 곳이 아니었다. 페르미 연구소는 물론 펜실베이니아 대학과 MIT, 스토니 브룩에서도 이휘소와 함께 일을 하고 싶어 했다. 이 연구소와 대학들은 모두 세계적으로 명성도 높고 살기도 좋은 곳에 위치해 있었으며 내건 조건들도 좋았다.

그렇기 때문에 이휘소는 어느 한 곳을 선택하기가 더더욱 어려웠다. 아무리 생각하고 또 고민해도 결정을 내리기가 힘들었다. 그래서 생각다 못한 이휘소는 양전닝을 찾아갔다.

"혼자서는 아무리 해도 결정을 내릴 수가 없어서 닥터 양을 찾아왔습니다. 의견을 듣고 싶습니다."

양전닝은 잠시도 머뭇거리지 않고 대답했다.

"내가 보기에 닥터 리는 어느 곳에 가더라도 훌륭하게 연구를 할 수 있습니다. 지금까지 그래 왔으니까요."

이휘소는 양전닝의 대답에 더 답답함을 느꼈다.

"저도 이제는 장래를 생각해야 할 때가 되었다고 생각합니다. 그래서 더더욱 어느 곳을 선택해야 할지 고민이 됩니다."

그러자 양전닝이 설레설레 고개를 흔들었다.

"닥터 리가 장래에 대한 생각을 할 필요 있을까요? 닥터 리의 연구가 곧 장래인데……. 그런 생각은 하지 말고 마음이 내키는 대로 결정하도록 해요. 닥터 리가 어떤 결정을 하든지 나는 닥터 리의 결정을 지지할 테니까."

그제야 이휘소는 고개를 끄덕이며 양전닝의 손을 꼭 잡았다.

"좋은 조언 감사합니다."

다음 날 이휘소는 펜실베이니아 대학과 MIT 대학에 전화를 걸었다.

"대단히 어리석은 짓일지 모르지만, 저는 펜실베이니아 대학의 석좌 교수직을 사양해야 할 것 같습니다."

"다음에 이와 같은 기회가 또 온다면 그때는 꼭 MIT로 가도록 하겠습니다."

이휘소가 페르미 연구소가 있는 시카고로 가는 날도 프린스턴 연구소에 갈 때와 마찬가지로 초가을이었다. 하지만 페르미 연구소는 프린스턴처럼 아름답지 않았다. 페르미 연구소에는 거대한 가속기와 연구 과정을 보여 주는 글자들만 가득할 뿐이었다.

페르미 연구소에서 이휘소는 초대 이론 물리학부 연구 부장직을

맡았다. 그리고 시카고 대학의 교수직도 겸임했다. 이휘소에게는 고에너지 실험도 중요하고 페르미 연구소도 마음에 들었지만 대학과의 끈도 필요했기 때문이다.

한국처럼 작은 나라에서 온 이휘소가 페르미 연구소의 연구 부장이 되었다는 것은 누가 봐도 놀랄 만한 일이었다. 하지만 이휘소는 전혀 자만하지 않았다. 그저 묵묵하게 자신이 맡은 일과 자신의 연구에 최선을 다할 뿐이었다.

이휘소는 페르미 연구소의 연구 부장이 되고 난 뒤부터 물리학의 핵심 과제로 더욱 깊숙이 파고들기 시작했다. 그것은 이휘소가 양자역학의 통일 이론을 목적으로 하는 이론 정립에 관한 것이었다.

11월의 혁명

페르미 연구소에서도 이휘소는 프린스턴에서와 마찬가지로 열심히 연구했다. 막히는 문제가 있으면 생각에 생각을 거듭했고 풀리지 않는 문제가 생기면 밤을 새웠다. 너무도 생각에 골몰한 나머지 어떤 때는 밥을 먹다 빈 스푼을 다시 씹기도 했고 샐러드 대신 포크만 입에 넣기도 했다.

그렇게 연구한 결과 이휘소는 100번째 논문을 발표하게 되었다. 그때가 1973년이었고 논문의 제목은 「게이지장 이론」이었다.

그동안 연구했던 것들을 종합해서 정리한 이 논문은 『물리비평』지에 발표되자마자 세계의 이목을 집중시켰다. 그리고 얼마 안 있어 이 논문은 소립자를 연구하는 물리학자들이라면 꼭 읽어야 할 논문 가운데 하나가 되었다. 이휘소가 교통사고로 세상을 떠난 뒤 노벨상을 수상한 살람도 "이 논문은 과학 논문으로서는 금자탑이 될, 거의 완벽한 이론을 전개했다."고 말했을 정도로 훌륭한 논문이었다.

그리고 이휘소는 「참 입자의 탐색」이라는 논문도 썼다. 소립자들은 빠른 시간 동안 붕괴하여 마지막에는 전자, 양성자 등으로 변한다. 이 소립자의 붕괴는 여러 방식으로 가능한데, 그 가운데 베타 붕괴가 일어날 수 있다. 베타선은 음전자이므로 베타 붕괴는 전하가 변하는 과정이다. 그리고 원자핵의 베타 붕괴에서는 핵이 변환(어떤 핵종이 다른 원소의 핵종으로 바뀌는 과정)하듯 소립자도 붕괴하면서 변하는데 기묘 입자는 보통 입자가 된다는 것이다.

하지만 베타 붕괴를 하더라도 전하가 변하지 않는 경우가 있는데 소립자 물리학에서는 이를 '중성 흐름'이라고 부른다. 실험 결과 기묘 입자의 붕괴에서는 중성 흐름이 없는 것으로 밝혀졌다. 그러면서 기묘 입자의 중성 흐름의 부재 현상을 설명하는 한 가지 이론으로 새로운 맛깔(여러 가지 쿼크와 경입자 타입을 구별하는 양자 번호)의 쿼크가 존재할 것이라고 가정했고, 이 맛깔을 참이라고 불렀다. 하지만 당시 이것은 어디까지나 가정이었다.

베타 붕괴 과정에서 중성 흐름이 없는 것을 보여 준 사람은 글래쇼, 일리오폴로스, 마이아니 등 세 명이었다. 그러나 이들이 밝힌

것은 중성 흐름이 없다는 것뿐이었다. 새로운 입자에 대한 세부적인 과정이 분석되었지만 연구는 거기까지였다.

이와 같은 연구 결과를 지켜본 이휘소는 참 입자가 존재할 가능성이 높다고 점쳤다. 그리고 동료 학자 가이아, 로즈너와 함께 기묘 입자인 K소립자의 붕괴 과정을 더 깊게 분석해 나갔다. K소립자의 붕괴 과정을 분석하는 일은 쉽지 않았다. 봄이 가고 여름이 오고 나서야 이휘소는 겨우 새로운 입자의 가능성을 밝혀내고 참 입자의 영역을 좁힐 수 있었다.

이휘소는 새로운 입자의 가능성을 밝혀내자마자 당장 「참 입자의 탐색」을 써서 『현대 물리 평론』지에 발표했다. 그때가 1974년 여름이었다.

그때까지 막연하던 참 입자에 대한 논문이 발표되자 세계의 물리학자들은 놀라움을 감추지 못했다.

"역시 벤저민 리야!"

"맞아. 이제부터 세계 물리학은 벤저민 리가 주도하게 될 거야."

"닥터 리가 앞으로 또 어떤 일을 하게 될지 기대가 되는군."

하지만 이휘소는 그 이상 참 입자를 연구할 수 없었다. AID(개발 도상국의 경제개발을 위해 미국이 제공하는 장기 융자의 하나) 평가위원이 되어 서울에 다녀와야 했기 때문이다.

참 입자를 발견한 것은 브룩헤이븐의 팅과 스탠퍼드 대학의 리히터였다. 두 사람이 이휘소의 논문을 읽고 영감을 얻어 제이 입자와 프사이 입자를 발견해 낸 것이다. 제이 입자와 프사이 입자는 바로 이휘소와 동료 학자들이 주장한 참 쿼크와 반대 참 쿼크였다.

1974년 11월 1일, 참 쿼크가 발견되었다는 소식을 들은 이휘소는 자신도 모르게 만세를 불렀다.

"됐어. 드디어 해냈어."

가이아 등 동료 학자들도 이휘소의 방으로 달려왔다.

"닥터 리! 이건 혁명이에요."

『뉴욕 타임스』 등 신문을 읽은 모든 사람이 깜짝 놀랐다. 당시에는 놀랄 만한 입자가 발견되면 『현대 물리 평론』에 실릴 때까지 기다릴 수 없어서 신문에 속보로 싣곤 했는데, 제이/프사이 입자의 발견이 신문에 실린 것이다.

"참 쿼크라니? 그게 정말 있었단 말이야?"

"기사를 읽고 있으면서도 믿어지지 않는군. 역시 벤저민 리야."

"이건 코페르니쿠스의 지동설만큼이나 놀라운 일이야."

이렇게 한참 동안 떠들던 물리학자들은 모두 어느 순간 약속이나 한 듯이 하나로 입을 모아 말했다.

"이것은 11월의 혁명이야. 우리는 참 쿼크의 발견을 '11월의 혁명'이라고 불러야 해."

그 순간부터 「참 입자의 탐색」은 물리학계의 전설이 되었다. 그

것은 살아 있는 전설이었다. 세계의 물리학자들은 「참 입자의 탐색」이 전설이라는 것을 모두 인정했다. 1978년 서울대에서 개최한 '이휘소 추모 소립자 물리학 심포지엄'에 참석한 살람이 이런 말을 했다고 한다.

"이휘소의 정확하고도 믿을 수 있는 참 쿼크의 질량 추정이 없었더라면 매혹 입자에 대한 우리들의 이해가 그렇게 빨리 이루어지지 않았을 것이다."

이처럼 커다란 학문적 성과를 이룬 뒤 이휘소의 하루하루는 더욱 바빠졌다. 논문이 발표되자마자 세계의 여러 대학에서 토론과 강연을 해 달라는 요청이 빗발쳤기 때문이다. 그렇다고 연구를 게을리 할 수도 없는 노릇이었다. 하지만 이휘소는 어느 한 가지도 대충대충 하지 않았다. 바쁠수록 오히려 더욱 열심히 연구하고, 자상하고 성실하게 토론과 강연에 임했다.

결코 지지 않는 별이 된 과학자

20년 만의 귀국

오랜만에 한국을 다녀온 이휘소는 연구를 하는 가운데서도 가끔 서울을 떠올렸다. 미국으로 돌아온 지 얼마 지나지도 않았는데 며칠 동안 함께 지낸 가족들과 어머니의 집에서 먹었던 음식들이 벌써 그리워졌기 때문이다.

사실 이휘소는 박정희 대통령이 유신 헌법을 발표할 때만 해도 한국을 찾지 않을 생각이었다. 그전까지만 해도 한국과학원(KAIS)에 하계 물리학 대학원을 만들려는 계획을 가지고 있었지만 박정희 대통령이 끝내 유신 헌법까지 발표하며 독재 정권 체제를 꾸리자 마음을 바꿔 버린 것이다.

"외국인 동료 학자들 보기가 부끄럽습니다. 한국에서 독재 정권

이 물러나지 않는 한 한국에는 결코 가지 않을 생각입니다."

그러나 미국 정부는 연구에만 몰두하려고 하는 이휘소에게 AID 교육 담당관의 임무를 맡겼다. 당시 서울대학교는 관악 캠퍼스로 옮겨 가고 있는 중이었다. 이때 윌리엄스 AID 교육 담당관은 마지막 사업으로 서울대학교의 과학 분야 교육 혁신을 추진하기로 했고, 미국 정부에서는 이휘소를 네 명의 교육 담당관 가운데 한 사람으로 선정했다.

AID 교육 담당관이 된 이휘소가 귀국하게 된 것은 1974년 여름이었다. 하늘에 뭉게구름 한 점 없이 맑고 쾌청한 날 비행기 트랩을 내려오는 이휘소는 눈조차 제대로 뜨지 못했다. 20년 만에 고국 땅을 밟은 이휘소에게는 낯익은 하늘과 산, 그리고 집들이 여전히 정답게 보였다. 이휘소는 한동안 말없이 고국의 하늘과 산과 집들을 바라보았다.

그런데 김포공항에는 마중 나온 가족이 아무도 없었다. 서울대학교 김제완 교수는 이휘소의 가족 중 아무도 마중 나오지 않은 것을 의아해 했다. 그래서 이휘소에게 어떻게 된 영문인지 물었다.

"가족은 아무도 나오지 않으셨습니까?"

그러나 이휘소의 대답은 짧았다.

"공적인 업무가 먼저입니다."

대답을 마친 이휘소는 아내 마리안느와 아들 천, 딸 안을 데리고 대사관 직원 숙소로 향했다. 한국에도 집이 있지만 미국의 심의위원으로 온 이상 단체 행동에서 벗어나지 않기 위해서였다.

이처럼 이휘소는 공사(公私)의 구분이 분명한 사람이었다. 그래서 가족들에게도 마중을 나오지 못하도록 한 것이다.

AID 차관 심사는 9월 한 달 동안 진행되었다. 심사가 진행되는 동안 이휘소는 네 명의 위원 가운데서 가장 활발한 활동을 보여 주었다. 미국과 한국을 모두 잘 알고 있기 때문에 누구보다 뛰어난 제안을 할 수 있었다.

이휘소가 집으로 어머니를 찾아간 것은 AID 차관 심의가 어느 정도 끝난 뒤였다. 집에는 이휘소가 귀국했다는 소식을 들은 친척과 가족들이 모두 모여 있었다. 헤어진 지 20년 만에 만난 철웅이와 영자와 무언이는 이휘소를 보자 반가워 어쩔 줄을 몰랐다. 어머니는 이휘소가 귀국한 김에 환갑잔치를 하자고 했다.

"늙은이 환갑 치르자고 내년에 또 올 것 있겠니? 너 들어온 김에 그냥 잔치를 하도록 하자."

철웅이와 영자는 어머니의 말에 박수를 쳤다. 무언이도 좋은 생각이라고 말했다.

잔치는 친지들이 모인 가운데 집 앞뜰에서 치러졌다. 이때 이휘소의 어머니는 대조동으로 옮겨서 살고 있었는데 집이 몹시 비좁았다. 하지만 이휘소는 가족과 친척들로 북적거리는 집에서 보내는 시간이 매우 행복했다. 그 가운데서도 이휘소는 어머니가 손수 만들어 주는 음식들이 너무 맛있고 좋았다.

오랜만에 가족들과 함께 보낸 시간은 페르미 연구소로 돌아오고 난 뒤에도 생생하게 떠올랐다. 그러나 이휘소는 한국에서 보낸 시간을 오래 생각하지 못했다. 이휘소에게는 그렇게 한가하게 보낼 시간이 많지 않았다. 이휘소는 자신의 연구는 물론 학생들도 지도해야 했고, 페르미 연구소 연구 부장으로서의 일도 해야 했으며, 각국의 강연과 토론회에도 참석해야 했다.

그렇게 바쁜 이휘소도 식탁 앞에 앉으면 어쩔 수 없이 서울 대조동에 있는 어머니의 집과 어머니가 만들어 준 음식이 그리웠다. 그래서 이휘소는 식사를 할 때마다 언젠가 기회가 생기면 반드시 다시 한국을 찾겠다고 마음먹었다.

하지만 이휘소는 그리운 조국의 땅을 다시는 밟지 못했다.

지상에서 우주의 먼 곳으로

한국에 다녀온 뒤부터 이휘소는 게이지 대칭그룹의 확장을 제안하는 논문을 썼다. 그리고 이어서 전약 작용이 고에너지 영역에서 나타나는 특성에 대해서도 연구했다. 그뿐만 아니라 교통사고가 일어나기 한 달 전에는 와인버그와 함께 무거운 중성미자의 가능성을 제시하는 논문도 썼다. 여기서 중요한 것은 이 논문이 우주의 암흑 물질 문제가 입자 물리학의 중요한 과제로 떠오르게 되는 훗날 안내 역할을 해 주게 되었다는 것이다.

이 무렵 이휘소는 새로운 분야를 개척하기 위한 노력도 많이 했지만, 우주론에도 깊은 관심을 가지고 있었다.

하지만 우주는 아무리 연구하고 또 연구해도 끝없이 아득하기만 했다. 하늘에는 아직까지도 발견해 내지 못한 별들이 무수히 많고, 밝혀내지 못한 현상이 수없이 많았다. 이휘소가 볼 때 쿼크처럼 작은 입자들이 무수히 모여서 이루어진 우주는 여전히 비밀로 가득 찬 신비의 세계였다. 그 가운데서 인간은 아주 작은 것을 밝혀냈을 뿐이었다.

우주에 대한 연구를 시작하면서 이휘소는 자주 밤하늘을 올려다보았다. 그때마다 긴 꼬리를 그으며 우주의 어둠 속으로 사라지는 유성이 보였다. 언젠가는 자신이 연구해야 할 유성이라고, 이휘소는 생각했다.

다시 연구실로 돌아온 이휘소는 기분이 좋았다. 이휘소의 입에서는 좀처럼 잘 부르지 않던 노랫소리가 흘러나왔다. 이휘소가 부르는 노래는 어머니가 곧잘 들려주던 〈켄터키 옛집〉이었다.

이휘소는 노래를 부르며 연구실 문을 열었다. 그때 옆방 동료 학자가 이휘소의 등 뒤로 다가왔다.

"닥터 리는 무엇이 그렇게 즐겁습니까? 안 부르던 노래까지 부르고 말이죠."

그제야 이휘소는 동료 학자가 뒤따라온 것을 알았다.

"나는 물리학이 세상에서 제일 재미있어요. 물리학만 생각하면 오던 잠도 달아난다니까요."

계절은 어느덧 다시 초여름으로 접어들고 있었다. 녹음이 짙어지고 크고 작은 꽃들이 피어나는 초여름의 자연은 매우 아름다웠다. 이휘소는 연구를 하다가 잠시 차를 마실 때는 창밖의 꽃을 바라보았다. 그럴 때마다 이휘소는 한국에도 예쁜 꽃들이 한창 피어 있겠다는 생각을 했다. 그런 날에는 밤늦게 집으로 돌아오자마자 어머니에게 편지를 썼다.

요즘 제프리(천)가 생물학에 흥미를 느끼는 것 같아서 저도 책을 좀 들여다보았습니다. 그런데 책이 예전에 제가 공부할 때와는 많이 달라져 있더군요. 그래서 제프리를 가르치기 위해 공부를 다시 하고 있습니다.

다음 날 이휘소는 간만에 늦잠을 잤다. 간밤 어머니에게 편지를 다 쓰고 난 뒤에도 새벽 3시까지 연구실에서 하다가 만 연구를 했기 때문이다. 해가 중천에 뜬 뒤에 잠에서 깬 이휘소는 부랴부랴 서둘렀다. 마리안느와 제프리와 아이린도 재촉했다. 콜로라도는 꽤 먼 거리에 있기 때문에 아스펜에서 물리 연구 센터 학회와 페르미 연구소 자문위원회에 늦지 않으려면 최대한 빨리 서둘러야 했다.

이휘소는 가족들을 차에 태우고 재빨리 차를 몰았다. 다행히 도로는 비교적 한산했다. 집을 나선 지 얼마 지나지 않아 차는 고속도로에 들어섰다. 차가 고속도로에 들어서자 이휘소는 더욱더 속력을 내기 시작했다. 고속도로에서 최대한 빨리 달리지 않으면 아무래도 학회에 늦을 것만 같았기 때문이다.

저만치 휴게소가 보였지만 이휘소는 못 본 체 그냥 지나쳤다. 그다음 휴게소도 그냥 지나치고 또 그다음 휴게소도 들르지 않았다. 휴게소를 지나칠 때마다 천과 안은 뒤를 돌아보았다. 하지만 이휘소는 그런 천과 안을 모른 척했다.

얼마쯤 달렸을까. 더 이상 배고픔을 견딜 수 없던 천과 안이 마리안느를 졸랐다.

"엄마! 배고파요. 햄버거가 먹고 싶어요."

"나는 샌드위치에다 오렌지 주스…… 응? 엄마."

그제야 마리안느도 허기를 느꼈다.

"아침을 시원찮게 먹더니 배가 고픈가 봐요. 휴게소에 들러서 아이들에게 뭘 좀 먹이고 가면 좋겠어요."

이휘소는 마리안느의 말에 건성으로 대답했다.

"알았어요. 다음 휴게소에는 꼭 들를 테니 조금만 참아요. 제프리, 아이린. 너희들도 알았지?"

차는 어느새 일리노이 주에서 가까운 키와니 시 부근의 인터스테이트 80번 도로를 달리고 있었다. 도로는 왕복 4차선이었고 가운데 푹 파인 20미터 폭의 풀밭에는 초여름 들꽃이 한창이었다. 가운데 풀밭은 도로가 복잡해지면 넓히기 위해 왕복 도로 사이를 비워 놓은 것이었다.

이휘소는 작은 별 같은 들꽃들이 눈에 띄자 문득 우주에 대해 생각하기 시작했다. 어른이 되었지만 이휘소에게는 여전히 궁금한 것이 많았다. 우주의 암흑 물질은 무엇일까. 달을 탐사하듯 암흑 물질도 탐사할 수 있을까. 암흑 물질의 질량은 얼마나 될까. 이렇게 생각에 빠진 채 운전하는 이휘소에게는 눈앞의 고속도로가 마치 뭔가 가득 채워야 할 노트처럼 보였다.

그사이 차는 또 휴게소 하나를 지나쳤고 시계는 오후 한 시를 가리키고 있었다.

그때 갑자기 펑! 하는 소리가 들려왔다. 그와 동시에 반대편 도로에서 커다란 트럭이 왕복 도로 사이의 풀밭을 넘어오는 것이 보였다. 대형 트럭은 트레일러였는데 그대로 이휘소의 차를 향해 돌진하고 있었다.

순간 이휘소는 위험을 직감했다. 하지만 트레일러는 이휘소가 어떻게 해 볼 시간도 주지 않고 차의 정면을 강타하고 말았다.

이때가 1977년 6월 16일 오후 1시 22분이었다.

살람 – 노벨상 수상식장에서
이휘소를 회고하다

살람은 1979년 12월 10일, 노벨 물리학상을 수상하게 되었다. 노벨상을 수상하기 위해 스톡홀름 시 청사 콘서트 홀 2층에 선 살람의 기분은 이루 말로 다할 수 없었다. 살람이 글래쇼, 와인버그와 함께 노벨 물리학상을 수상하게 된 것은 모두 이휘소 덕분이었다.

1974년 여름에 영국의 런던에서 열린 국제 고에너지 물리학회에서 살람은 강연자로 온 이휘소를 찾았다. 그리고 와인버그가 연구한 '경입자 모형'을 자신도 발표했는데 사람들이 인정해 주지 않는다고 이휘소에게 불만을 토로했다.

살람의 말을 들은 이휘소도 처음에는 살람의 연구가 와인버그보다 1년 늦게 발표되었고 와인버그처럼 라그랑지안(직교좌표계, 구면

좌표계, 원통좌표계 등 계의 동역을 나타내는 함수)을 구체적으로 제시하지 않았다고 지적했다. 하지만 살람은 이휘소가 인정할 때까지 자신의 이론을 설명했고 결국 설득시켰다.

살람의 설명을 듣고 난 이휘소는 살람의 연구를 인정하기에 이르렀다. 이로써 학계에서는 '와인버그 모형'이라고 부르던 '경입자 모형'을 '와인버그-살람 모형'이라고 부르게 되었다.

노벨상 수상 소감을 말하기 전 살람은 잠시 눈을 감았다. 그의 감은 눈 속으로는 2년 전 교통사고로 숨진 이휘소의 모습이 떠올랐다. 그리고 이휘소가 잠든 글렌엘린 마을의 공원 묘지도 스쳐 지나갔다. 이휘소의 추모식이 거행된 페르미 연구소 강당도 떠올랐다 사라졌고, 이휘소의 죽음을 슬퍼한 많은 사람의 모습들이 이휘소와 겹쳐지기도 했다.

이윽고 살람은 눈을 뜨고 수상 소감을 말하기 시작했다.

"제가 이렇게 영광스러운 상을 받게 된 데는……, 물론 많은 사람의 도움이 있었지만, 가장 큰 도움을 주신 분은 벤저민 리 박사였습니다. 벤저민 리가 아니었다면 저의 연구는 결코 많은 사람으로부터 인정받지 못했을 것입니다. 벤저민 리는 아인슈타인이나 페르미 이후 최고의 학자였습니다."

살람이 이렇게 수상 소감을 말할 때 이휘소의 묘지에는 차가운 겨울바람이 지나고 있었다.

뜻밖의 슬픈 소식을 듣자마자 그 자리에서 기절한 어머니의 한 숨도, 사랑하는 가족 마리안느와 천과 안의 눈물도 한 송이 눈이 되어 얼어버린 지 이미 오래였다.

이휘소가 저 세상으로 간 뒤 대부분의 사람들은 이렇게 말했다.

"만약 교통사고를 당하지 않았다면 이휘소가 노벨 물리학상을 받았을 것이다."

하지만 이휘소는 수많은 연구 과제들을 남겨둔 채 끝내 저세상으로 가 버리고 말았다. 그렇게 불의의 교통사고로 숨을 거둔 때가 그의 나이 42세였다.

이휘소의 업적

참으로 짧은 생을 살다 간 이휘소의 꿈은 소박하기 이를 데 없었다. 광릉의 과수원에서 농사를 지으며 대학에서 학생들을 가르치는 것이 이휘소가 젊을 나이에 꾼 꿈이었다.

하지만 이휘소는 이 작은 꿈을 이루지 못한 대신 물리학의 대가가 되는 성과를 거두었다. 마흔두 해의 짧은 생을 살다 가는 동안 100편이 넘는 논문을 발표했고, 다른 과학자들이 밝혀내지 못한 이론을 실험으로 증명해 냈다.

그 가운데서도 이휘소 하면 가장 먼저 꼽을 수 있는 것은 '게이지 이론의 재규격화'이다. 이는 와인버그가 밝혀내지 못한 재규격화를 증명해 냄으로써 중성 흐름을 밝히는 데 길잡이가 되도록 한 것으로, 이휘소의 가장 대표적인 업적이라고 할 수 있다.

이와 함께 이휘소는 참 쿼크의 탐색 방도를 제시하는 연구도 발표했다. 이휘소가 발표한 「참 입자의 탐색」으로 인해 제이/프사이 입자가 발견되었는데, 이는 현대 과학사에 큰 획을 긋고도 남는 일이었다.

이휘소의 업적 가운데서 AID 차관 심의위원으로 한국의 과학 발전에 크게 기여한 것도 빼놓을 수 없다. AID 사업 덕분에 서울대학교의 과학 교육과 연구 활동이 크게 향상되기도 했지만, 이휘소가 한국 과학자들이 고에너지 실험물리학 분야의 국제 공동 연구에 참여할 수 있도록 기반을 마련해 주는 등 직간접적으로 한국의 물리학계에 많은 도움을 주었기 때문이다.

이휘소가 이룬 많은 업적 가운데 가장 큰 업적은 한국인의 우수성을 세계에 널리 알린 것이 아닐까 싶다. 그리고 누구 못지않게 평화를 사랑했고, 인간과 과학을 소중하게 여긴 것 또한 우리가 길이 기억해야 할 그의 덕목이라고 할 수 있다.

오래전 중학교 과학 선생님께서 첫 수업 시간에 이런 말씀을 하셨다.

"과학은 질문을 찾는 데서부터 시작한다. 우리가 보는 모든 것이 과학으로 이루어져 있다고 해도 과언이 아니다. 그러니까 이제부터 너희들은 수업 시간에 한 사람이 한 가지씩 질문하도록 해라."

선생님의 이 말씀이 이 글을 쓸 때 큰 도움이 되었다.

이 글을 쓰기 위해 준비하는 과정에서 나름 찾는다고 찾아보아도 이휘소 박사에 관한 자료가 많지 않아 어린 시절을 어떻게 풀어나가야 할지 고민하고 있었다. 그런데 어느 날 선생님의 말씀이 빛처럼 내 뇌리를 스쳐 지나갔다. 그야말로 빛처럼.

어린아이는 호기심이 많다는 것, 이휘소 박사는 보통의 아이들보다 더 궁금한 것이 많았을 것이라는 것. 그 점을 염두에 두고 글을 풀어 가자 조금은 수월하게 진행할 수 있었다. 거기다 내가 어린 시절에 품었던 의문들을 이휘소에게 접목시켰고 중학교 때도 해 보지 않은 과학 공부를 다 했다.

내가 글로나마 이휘소 박사를 처음 만난 것은 소설『무궁화 꽃이 피었습니다』에서였다. 그때 나는 내가 읽은 글이 소설이라는 것을 잊고 이휘소를 작가가 그린 그대로 믿었다.

그러나 나보다는, 그리고 다수의 대중보다는 훨씬 더 정확한 진 실을 알고 있는 이가 소설은 어디까지나 소설일 뿐이라고 말했다 고 한다. 나는 소설보다 이 말에 더 믿음을 느꼈다. 고인 다음으로 진실을 아는 이들의 주장을 인정하고 믿어야 하는 게 남아 있는 사 람들의 의리가 아닐까 생각한다.

이휘소 박사는 순수한 열정으로 가득 찬 과학자였다. 그가 기술 에 치중하는 화학에서 물리학으로 전공을 바꿔 학자의 길을 걸어간 것만 봐도 학문에 대한 신념이 어떠했는지 잘 알 수 있는 일이다.

미국의 아스펜 센터에는 이휘소 추모 벤치가 있다고 한다. 이 벤 치의 주인공을 기억하는 이들은 여기에 앉아 잠시나마 이휘소 박 사를 추모한다고 한다. 우리가 기억해야 할 것은 이 정도면 되지 않 을까 싶다. 이휘소 박사는 학문에 모든 열정을 바친 과학자였고, 그 에게서 학문 이외에 그 어떤 것도 찾아볼 수 없을 정도로 온전한 학 자의 삶이었다고 말이다.

이 글을 쓰면서 여름을 맞이했고 또 끝을 맺으면서 여름을 보내고 있다. 이 글을 썼다고 다 알게 된 것은 아니지만 이휘소 박사의 삶도 가속기가 필요했던 것은 아니었을까 하는 생각이 든다.

소립자처럼 짧은 생을 살다 간 이휘소 박사, 그는 이 시대의 위대한 과학자다.

이휘소 연보

1935. 1	서울 원효로에서 이봉춘과 박순희의 장남으로 태어남.
1941. 4	경성사범학교 제1부속초등학교 입학
1947	서울대사대 부속초등학교 졸업
1947. 9	경기중학교 입학
1952. 3	서울대학교 화학공학과 입학
1955. 1	미국 마이애미 대학 편입
1956. 6	마이애미 대학 졸업(학사)
1956. 8	피츠버그 대학 대학원 입학
1958. 6	피츠버그 대학 대학원 졸업(이학 석사)
1958. 8	펜실베이니아 대학 대학원 입학
1961. 2	펜실베이니아 대학 대학원 졸업(이학 박사)
1961~1963	펜실베이니아 대학 물리학과 조교수
1961~1962	고등연구원 연구 회원
1962. 5	마리안느(심만청)와 결혼
1963~1965	펜실베이니아 대학 물리학과 부교수
1964~1965	프린스턴 고등연구원 연구 회원

1965~1966	펜실베이니아 대학 물리학과 정교수
1962~1966	앨프레드 슬론 재단 연구 회원
1966. 5~1966. 8	스토니브룩 대학 방문 교수
1966. 9~1974. 8	스토니브룩 대학 이론물리 연구소 교수
1968~1969	구겐하임 재단 연구 회원
1973. 9~1975. 8	브룩헤븐 국립 연구소 고에너지 물리 자문위원
1973. 9~1977. 6	페르미 국립 가속기 연구소 이론물리학 부장
1974. 4~1977. 6	시카고 대학 물리학과 교수(겸임)
1974. 6~1978. 8	SLAC 과학정책위원회 자문위원
1974. 9~1976. 8	스토니브룩 대학 물리학과 선도 교수
1976	프린스턴 고등연구원 연구 회원
1977. 6	페르미 국립 가속기 연구소 연구심의회 참석을 위해 콜로라도로 가던 도중 키와니 부근 고속도로에서 사망
1977. 8	국민훈장 동백장
2006	한국과학기술 한림원 '한국 과학기술인 명예의 전당' 헌정

© 이은유, 2011

초판 1쇄 발행일 2011년 10월 21일
초판 3쇄 발행일 2023년 2월 1일

지은이   이은유
펴낸이   강병철
펴낸곳   더이룸출판사

출판등록 1997년 10월 30일 제1997-000129호
주소   04047 서울시 마포구 양화로6길 49
전화   편집부 02) 324-2347 경영지원부 02) 325-6047
팩스   편집부 02) 324-2348 경영지원부 02) 2648-1311
이메일   jamoteen@jamobook.com

ISBN 978-89-5707-601-9 (44990)

잘못된 책은 교환해드립니다.
저자와의 협의하에 인지는 붙이지 않습니다.